사이 인간

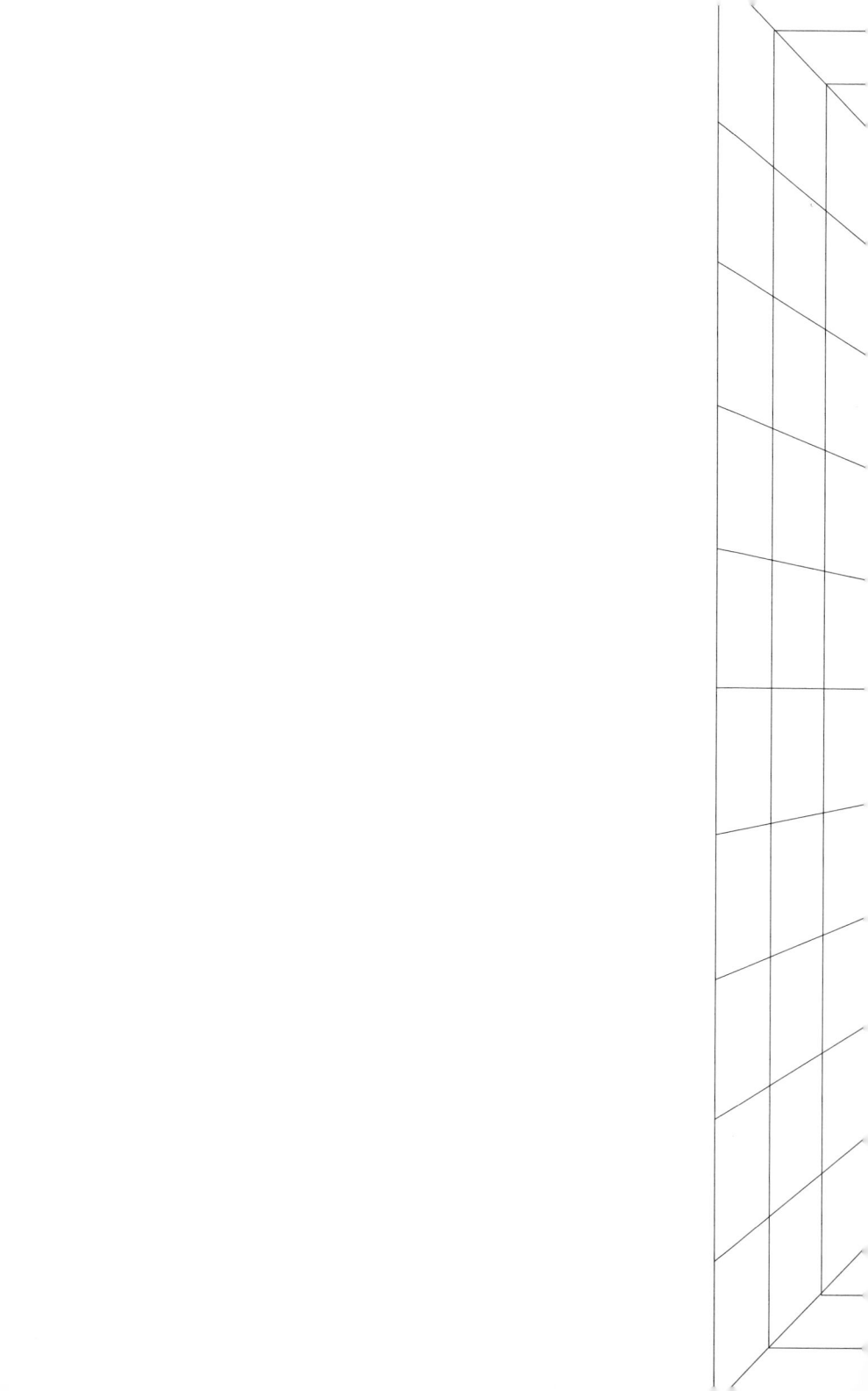

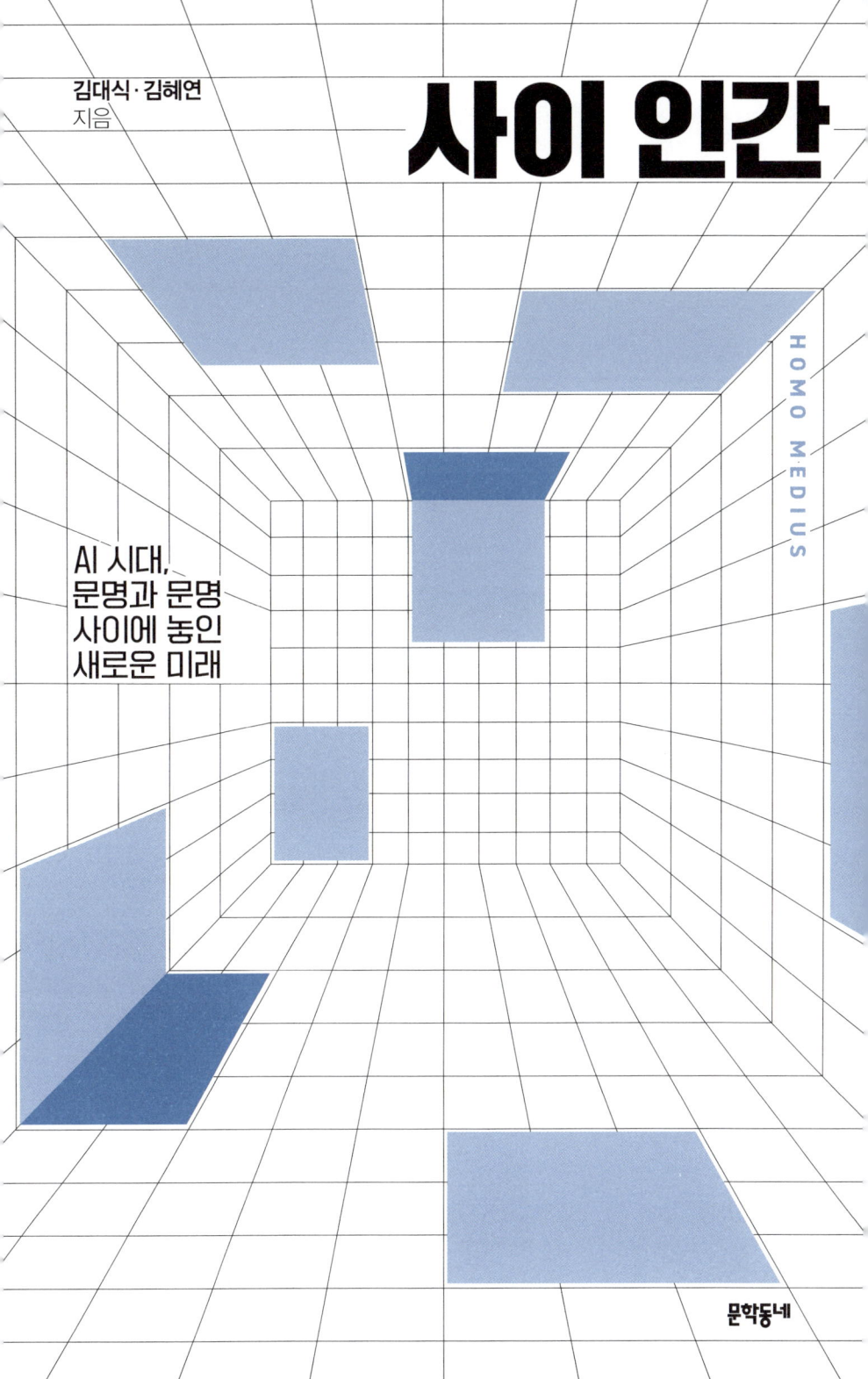

일러두기

- 외래어는 국립국어원 외래어표기법을 따랐습니다. 다만 관습적으로 굳어진 표기가 있을 경우 이를 따랐습니다.
- 단행본은 『 』, 영화 공연 전시 등은 〈 〉로 구분하였습니다.
- 이 책에 실린 챗GPT와의 대화 및 챗GPT를 이용해 생성한 이미지 콘텐츠는 오픈 AI의 이용약관에 따라 생성자인 저자에게 저작권이 있습니다.
- 인터뷰이들의 사진은 모두 김종완 사진작가가 찍었고, 일부 사진은 인터뷰이로부터 받은 것임을 밝힙니다.
- 이 책은 2024년 3월부터 2025년 7월까지 아시아경제에 연재된 '김대식·김혜연의 AHA'를 기반으로 재구성했습니다.

CONTANTS

프롤로그

호모사피엔스와 마키나데우스, 그 사이에 선 이들에게 :
김대식(뇌과학자·카이스트 교수)　008

1부 **불편한 질문들**
생존을 위한 화두

공포를 넘어 공존으로 : 진화생물학자 **최재천**　014

퍼텐셜이 아닌 어빌리티를 팔아라 : 마인드마이너·작가 **송길영**　030

나약함의 역설 : 소설가 **장강명**　050

관계의 설계 : 건축가 **유현준**　066

아우라라는 시간의 축 : 영화감독 **김태용**　082

| COLUMN | 우리는 정말 시뮬레이션 속에 살고 있을까　094

2부 **위험한 생각들**
여전히 인간은 진짜일까

무엇을 만들 것인가 vs 어떻게 공감할 것인가 : SM엔터테인먼트 CAO **이성수**　104

참과 거짓이 사라지는 세상이 오고 있다 : 다큐멘터리 PD **한상호**　116

AI, 도구를 넘어 철학이 되다 : 예술감독 **이대형**　128

연극은 여전히 인간을 연출하는가 : 연출가 **이대웅**　140

AI는 결코 모방할 수 없는 것 : 인도학자 **강성용**　154

| COLUMN | 인간이 여전히 인간다울 수 있도록　170

CONTANTS

3부 도발적 상상들
인간을 재정의하는 다섯 가지 방법

스스로를 발명하는 지적 부지런함 : 철학자 **최진석**　184

새로운 문제를 정의하고 해결하는 능력 : AI 반도체 스타트업 CEO **박성현**　198

신체를 경유한 창의성의 힘 : 문학평론가 **이광호**　208

순간이 아닌 감정을 기록하는 일 : 사진가 **김용호**　224

호모프롬프투스의 출현, 질문과 명령의 기술 : 언어학자 **신지영**　240

| COLUMN | 인간과 AI의 미래　256

에필로그

우리는 서로를 묻는다 : **김혜연**(안무가·여니스트 대표)　265

프롤로그

호모사피엔스와 마키나데우스Machina Deus▪,
그 사이에 선 이들에게

 나무에서 초원으로 기어내려온 것부터가 실수였을까? 더이상 나뭇가지를 잡을 필요가 없어진 손은 도구와 무기를 쥐게 되었고, 손의 자유를 얻은 인류는 그제야 비로소 두 발로 걷기 시작했다. 밀림보다 초원은 더 많은 먹잇감을 보장했지만 인류는 더 많은 위험에 노출되었다. 때로 더 많은 기회는 더 큰 위험을 의미하기도 한다. 인간보다 더 강하고, 더 빠르고, 더 뾰족한 이빨과 발톱으로 무장한 맹수들에게 우리 조상들은 쉽게 사냥 가능한 '야식'에 불과했다.

 하지만 호모사피엔스가 나타난 지 불과 30만 년이 지난 오늘날, 초원의 절대 강자였던 맹수의 후손들은 동물원에 갇혀 인간들의 셀카 속 배경으로 전락했다. 어떻게 이런 일이 벌어진 걸까? 인간의 뇌가 지구

▪ '신'과 같은 '기계'를 뜻한다.

상 그 어느 종의 뇌보다 더 빨리, 그리고 더 폭발적으로 커졌기 때문이다. 더 커진 뇌는 더 많은 신경세포(뉴런)를 만들어냈고, 신경세포를 연결하는 시냅스를 폭발적으로 증가시켰다. 즉 전기적 신호를 생성하고 전달하는 능력이 급격히 증가함으로써 단순 학습과 기억은 물론 추론과 추상화에 이르기까지 뇌의 역량이 기하급수적으로 늘어난 것이다. '학습'은 과거의 경험을 현재의 행동을 바꾸고, 현재의 행동을 통해 미래를 결정하게 한다. 더구나 뇌는 '계층적 구조'를 가지고 있기에, 더 많은 뉴런과 시냅스는 더 깊은 '생각의 꼬리물기Chain-of-thought'를 가능하게 했다.

파리를 발견한 개구리는 그 방향으로 혀를 내민다. 그것이 바로 개구리의 본능이자 운명이다. 하지만 인간은 다르다. 인식과 행동 사이에는 기억·생각·본능·모방·우연 그리고 희망과 두려움이 있다. 인식과 행동 사이에 놓인 단계마다 선택이 다르기에, 인간의 행동은 완벽한 예측과 이해가 불가능하다. 호모사피엔스가 가진 생각의 깊이와 복잡하고 다양한 선호로 인해 인간은 불을 사용하게 되었고, 바퀴를 만들고 농사를 짓고 도시를 형성하고, 글과 화약과 인쇄기술과 핵무기를 발명해냈다. 지구 위 모든 것을 인간 중심으로 바꾸어놓은 인류는, 이제 그 모든 것을 가능하게 했던 자신의 뇌를 모방한 '인공지능AI'을 만들어내기에 이르렀다.

왜 그런 무모한 결정을 했던 걸까? 인간이 꿈꾸던 유토피아가 인공지능을 통해 가능하리라 생각한 것일까. 금지된 과일을 먹은 덕분에 천국에서 쫓겨나 끝없는 노동과 고통, 그리고 절망과 공허함에 시달려온 인간에게 인공지능은 우리를 대신해 일을 하고 인류의 모든 문제를 해결해주는 대안이 될 수 있을까. 인간은 다시 에덴동산으로 돌아갈 수 있는 것인가.

하지만 모든 일과 발명, 그리고 모든 계획과 선택을 인공지능이 하게 된다면, 우리 인간은 무엇을 하며 살아야 할까? 모든 미래가 인공지능을 통해 결정된다면, 미래가 없어진 인간에겐 어떤 꿈과 희망이 허락될까? 지구 역사 46억 년, 그리고 인류 역사 수백만 년 중 오로지 지난 1만 년 동안 지구의 주인이었던 호모사피엔스. 인간의 모든 능력을 대체할 수 있는 '일반인공지능AGI▪'이 더이상 SF영화가 아닌 현실이 되어가는 시대, 어쩌면 우리는 지구 주인으로 살아가는 인류 마지막 세대일 수도 있다.

호모사피엔스가 이룩한 현대 문명과 앞으로 AI가 만들어낼 '미지의 세상Terra incognita, 테라 인코그니타' 사이에 있는 오늘날의 인류. 그 마지막 세대에게도 불러줄 이름이 필요했다. 인간과 인공지능 사이에서 두려움과 기대를 갖고 미래를 준비하고 있는 우리. 이를 우리는 호모메디우스Homo Medius, 즉 '사이 인간'이라 명명하기로 했다.

이 책은 결국 '사이 인간'인 우리가 지금 이 시점에 무엇을 기억해야 하는가, 무엇을 고민해야 하는가에 대한 질문에서 시작했다. 뇌를 연구하는 나와 몸으로 예술을 그리는 김혜연 안무가는 이런 문명과 문명 사

▪ 일반인공지능 혹은 범용인공지능이라고 불리며 인간의 일반적 지능을 컴퓨터에서 재현하는 것이다. 다양한 분야에서 인간과 유사한 학습, 이해, 추론 능력을 지닌 지능의 형태를 지향하며 궁극적으로 컴퓨터가 인간과 동등한 수준의 창의적 사고와 문제해결 능력을 유연하게 가지게 하는 것을 의미한다.

프롤로그

이에 놓인 사람들의 이야기를 통해 미래의 가능성을 발견하고 싶었다.

그래서 궁금해졌다. 인간으로서의 역량을 마음껏 펼쳐온 오늘날의 과학자와 예술가, 사업가와 연구가, 그리고 건축가와 작가는 어떤 꿈과 희망을 가지고 살아가는지. 그 대답은 지금의 우리와 다음 세대에게 던지는 새로운 질문이 될 것이라 믿는다.

1500년 전 야만인들의 습격에 대비해 가문의 보물을 땅 밑에 숨겨두었던 고대 로마인들과 같이, 우리도 지구 주인으로서 마지막 세대 인간의 생각과 마음을 남겨두고 싶었다. 이렇게 모인 열다섯 명 대한민국 생각 리더들과의 대화에 이제 여러분을 초대한다.

2025년 여름
태양계 세번째 행성에서
호모사피엔스 김대식

1부
불편한 질문들

생존을 위한
화두

공포를 넘어
공존으로

지능보다
지성을 중시하는
진화생물학자 최재천

이화여자대학교 에코과학부 석좌교수
생명다양성재단 이사장
저서 『최재천의 희망 수업』, 『양심』, 『숙론』, 『최재천의 곤충사회』, 『다윈의 사도들』,
『다윈 지능』, 『최재천의 공부』(공저) 『통섭의 식탁』, 『생명이 있는 것은 다 아름답다』 외

"가장 협력하는 종이 살아남는다"

인간은 오랜 시간 자연과 동물을 이용하고 지배해왔다. 다가오는 AI 시대가 두려운 이유는 인간이 자연에 행한 방식을 AI가 우리에게 똑같이 적용할 것이라는 공포 때문인지도 모른다. AI의 지능은 과연 우리를 뛰어넘을까? AI 중에도 철학자가 등장할까? 그 답은 아직 알 수 없지만, 중요한 건 '지능'이 아닌 통찰과 협력을 바탕으로 한 '지성'을 가진 종이 살아남으리라는 사실이다. 지배가 아닌 AI와 공존할 수 있는 현명한 방법을 고민할 때라고 진화생물학자 최재천 교수는 조언한다.

지능 vs 지성
문제 해결 vs 판단

진화생물학자로서 AI와 구분되는 인간의 지능이 무엇이라고 생각하시나요?

이 이야기를 하기 위해서는 언어학자 놈 촘스키의 말을 빌려와야 할 것 같습니다. 촘스키는 AI, 특히 챗GPT 같은 언어모델은 언어 구조를 이해하지 못한다고 봤어요. 오로지 인간만이 언어의 구조를 이해한다고 믿었죠. AI가 마치 언어의 구조를 이해하는 척하며 결과를 쏟아낼 뿐이라는 거죠. 촘스키가 이런 상황을 얼마나 불편하게 느낄지 생각해 봤어요. 저 역시 촘스키에게 영향을 받은 학자로서 AI의 능력을 제대로 된 지능이라고 이해해야 할까 의문이 듭니다.

저는 지능intelligence과 지성intellect을 구분하려고 합니다. 지능이 단순한 문제 해결 능력이라면, 지성은 보다 깊은 통찰과 판단 능력을 포함한다고 생각합니다. 예를 들어 지능이 높은 사람은 상황에 상관없이 답을 찾아낼 뿐이지만, 지성인은 떠올린 답을 기반으로 상황에 맞는 적절한 행동을 취할 수 있죠. 지능이 높은 사람과, 이른바 지성인이 하는 행동은 다를 가능성이 크다는 말입니다.

집단지성collective intelligence을 예로 들어볼게요. 이건 단순한 지능의 합이 아니라, 상호작용과 협력을 통해 더 나은 결과를 도출하는 능력입니다. 이런 집단지성은 AI가 쉽게 넘볼 수 없는 영역이라고 봐요. 저는 AI가

지능을 가질 수는 있어도 지성의 단계에 도달하는 건 어렵다고 생각해요. AI의 능력은 빠르게 발전하고 있지만 진정한 의미에서의 지성은 인간만이 가질 수 있는 고유한 특성이라고 봅니다.

> 생성형 AI가 마치 곤충의 창발적 지식처럼 작동하는 것 같아요. 챗GPT에게 문법을 가르쳐준 적이 없어요. 그저 단어와 단어의 확률만 가르쳐주고 문장 3천억 개를 학습시켰더니, 문법적으로 완벽한 문장을 만들어내고 있죠. 개별적으로는 똑똑하지 않지만 수억 개가 모이면 놀라운 일을 해낸다는 것인데, 이런 창발적 현상이나 창발적 지능은 정확히 무엇인가요?

창발적 현상이나 창발적 지능은 정말 흥미로운 주제예요. 제가 지금 쓰고 있는 책에서도 이 주제를 깊이 탐구하고 있어요. 예를 들어 간세포를 하나씩 모아놓으면 그냥 간덩어리에 불과하지만, 심장세포를 모아놓으면 심장세포들이 박동을 만들어내죠. 개별 세포 수준에서는 절대 상상할 수 없는 현상이에요.

이런 창발적 특성은 생물학에서만 볼 수 있는 독특한 속성인데, 생성형 AI에서도 비슷한 창발적 현상이 나타나는지 저 또한 궁금해요. AI가 창발적 지능의 단계에 도달했는지, 아니면 우리가 아직 이해하지 못하는 새로운 현상인지는 현재로서는 명확하지 않다고 봅니다.

"집단지성은 AI가 쉽게 넘볼 수 없는 영역이라고 봐요.
AI가 지능을 가질 수는 있어도
지성의 단계에 도달하는 건 어렵다고 생각해요."

누가 가장 잘 협력하고 적응했는가?

지능과 지성을 나누는 것도 인간주의적 관점에서 적용되는 예시일 수 있겠다는 생각이 듭니다. 생성형 AI, 특히 그 내부에서 벌어지는 일을 제대로 이해하려면 개미나 꿀벌 같은 곤충들의 행동을 더 깊이 분석하고 그들의 창발성을 AI에 번역해서 적용해야 하지 않을까 싶기도 한데요. 어떻게 생각하시는지요?

우리는 지금까지 인간의 지능과 인공지능에 대해서만 이야기했지만, 동물의 지능도 반드시 이 삼각관계에 포함해야 한다고 생각해요. 한 연구소에서 10년 전 흥미로운 실험을 진행했어요. 흰개미들이 호주 초원에서 사람 키보다 큰 탑을 만드는데 설계도도 없이 작업이 이뤄졌다는 거예요. 일개미 한 마리 한 마리가 친구들이 흙덩이를 어디에 놓았는지 보고 '나도 여기에 놓으면 좋겠다'라고 생각하면서 행동하는 거죠. 그 결과물이 하루종일 땡볕에 있어도 실내온도 변화가 2도 미만으로 유지되는 놀라운 냉난방 시설을 갖춘 구조물입니다. 결론은 '일개미 한

마리 한 마리가 각자 알아서 한다'는 것이었어요. 이게 바로 경영학에서 말하는 '자기조직화self-organization'의 원리일까요? 각 유닛이 스스로 행동한 결과물이 이렇게 놀라운 구조물을 만들어내는 겁니다.

흰개미는 사막에서 잘 살아남고, 냉난방이 되는 집도 만들죠. 저를 사막에 놔두면 금방 죽을 거예요. 저는 그런 집을 못 만드니까요. 그러면 사막에서는 사실 흰개미가 저보다 더 우월한 거죠. 하지만 우리는 지능적으로 인간이 항상 톱이라고 생각하잖아요. 지금까지 지구 역사에서 인간은 먹이사슬의 꼭대기에 있었고, 이는 우리가 밑에 있는 존재들을 아무렇게나 대해도 된다는 의미로 받아들여졌어요. 사실 그런 허락을 받은 적은 없잖아요. 저는 인간이 인공지능을 두려워하는 가장 큰 이유 중 하나는 무의식적으로 우리가 지구에 저질러온 일들을 기억하기 때문이라고 생각해요. 우리보다 더 뛰어나고 똑똑한 존재가 등장하면, 그 존재가 인간이 생태계와 동물에게 했던 것처럼 우리를 똑같이 대할까봐 걱정하는 거죠. 이 두려움이 우리 마음속 깊이 자리잡고 있는 듯해요.

> 지금까지 이 지구상에서 가장 똑똑한 존재는 인간일까요? 앞으로 살아갈 세상에서 인간은 어떤 존재로 남을 수 있을까요?

사실 기준을 어디에 두느냐에 따라 판단이 달라질 수 있죠. 사막에 내

인간이 인공지능을 두려워하는 것은
무의식적으로 우리가 지구에 저질러온 일들을 기억하기 때문입니다.

쳐지면 우리가 살아남기 힘드니 그런 관점에서는 흰개미가 더 우월하게 보일 수도 있습니다. 하지만 대부분의 분야에서 인간이 가장 탁월한 능력을 발휘하고 있으니 제일 똑똑하다고 할 수 있겠죠. 그런데 이 '똑똑함'이 무엇을 의미하는지 깊이 고민해볼 필요가 있어요. 인간이 과연 지능적이어서 이렇게 성공했을까요, 아니면 지성적이어서 그랬을까요? 양보하고 서로 보듬어주면서 집단으로 살아남는 능력 덕분은 아닐까요? 사실 생물학계는 오랫동안 약육강식, 생존투쟁, 적자생존 같은 냉정한 얘기만 해왔어요. 하지만 최근 10여 년 동안 많은 것이 바뀌고 있죠.

저는 오래전에 『손잡지 않고 살아남은 생명은 없다』라는 책을 썼어요. 경쟁과 포식이 룰인 줄 알았는데, 지난 20여 년간 자연을 세심하게 들여다보니 손잡은 놈들이 손 안 잡은 놈들보다 우위를 점하며 살아남았더라고요. 자연계에는 곳곳에 협동이 숨어 있어요. 우리도 내장에 장내 미생물을 엄청나게 많이 갖고 있잖아요. 이 미생물들이 없으면 우리도 생존할 수 없죠. 이들이 소화뿐만 아니라 면역계, 심지어 뇌까지 영향을 미친다는 연구 결과도 있어요.

우리는 그동안 한정된 자원을 두고 어떻게 경쟁할지에만 초점을 맞췄는데, 그 경쟁에서 이기는 방법이 다양하다는 사실에 대해서는 크게 생각해보지 않았던 것 같아요. 누가 가장 지능적이었는지, 즉 누가 가장 똑똑했는지가 아니라 누가 가장 잘 협력하고 적응했느냐가 중요하다는 생각이 들어요.

왜 AI와 굳이 대립각을 세워야 할까요? 함께 살아갈 방법을 모색해야 하지 않을까요? 하지만 현실에서는 많은 사람이 AI에게 일자리를 빼앗

길까봐 걱정하고 있어요. 우리는 AI에게 일을 시키고, 그로부터 창출되는 부와 풍요를 어떻게 잘 나눌지 고민하면 되지 않을까요? 이 논의가 꼭 대립으로 갈 필요는 없다고 봅니다. 함께 협력하며 살아가는 방법을 찾는 편이 더 지혜로운 접근일 것 같아요.

더 나은 공존의 방법을 찾는 일

현재 전문가들이 가장 걱정하는 부분은 생성형 AI가 점점 더 커지면 새로운 창발성 효과로 인해 자유의지가 생길 수도 있다는 점입니다. 자율성과 자아가 존재하든 존재하지 않든, 마치 그것이 있는 듯 행동하리라는 우려죠. 이런 가능성과 우려에 대해 어떻게 생각하시나요? 만약 AI가 정말 자율성과 자아를 갖게 되는 날이 오면 어떤 일이 생길까요? 인간과는 어떤 차이점을 가지게 될까요?

이건 참 어려운 얘기인데요. 자아가 있다고 해서 반드시 자신이 계속 존재해야 한다고 생각할까요? 저는 아직 그 부분에 대해서는 설득이 잘 안 돼요. 그냥 존재할 뿐이고, 뭔가를 할 뿐이죠. 내가 하는 일에서 스스로 의미를 찾지 못하면, 그냥 존재하고 행동할 뿐이에요. 결국 이 이야기는 번식으로 귀착될 것입니다.

20여 년간 자연을 세심하게 들여다보니,
가장 잘 협력한 이들이 우위를 점하며 살아남는다는 걸 알게 되었습니다.

AI와 대립각을 세우기보다는
함께 살아갈 방법을 모색해야 됩니다.

존재를 유지하는 방법은 두 가지가 있잖아요. 하나는 죽지 않고 계속 살아남는 방법, 또하나는 자기와 같은 존재를 계속 만들어내는 방법. 우리 생물은 영원히 존재하는 것에는 실패했지만, 자신과 비슷한 존재를 계속 만들어내는 번식을 통해 존재를 이어가고 있죠. 생성형 AI도 마찬가지일 겁니다. AI가 자아와 자율성을 갖는다고 해도, 그 존재의 의미는 결국 지속성과 번식에서 찾을 수밖에 없을 거예요. 그렇다면 AI도 우리처럼 자신을 복제하고 확장하면서 존재를 이어가려 할까요? 이 부분이 정말 흥미로운 지점이라고 생각합니다.

> AI가 궁극적으로 풀어야 할 가장 큰 문제 중 하나는 '인간'이 아닐까 하는 생각이 듭니다. 인간이 신에 대해 끊임없이 고민하듯이 AI 역시 인간을 설명하고 싶어하지 않을까요?

생성형 AI들이 어려운 계산은 모두 척척 해내지만 과연 그들이 나중에 인간이 해온 학문 중 철학에도 관심을 가지게 될까요? 나는 어디서 왔는지, 우주는 어떻게 생겼는지, 우리는 어디로 가는지 같은 질문에 대해 인간은 평생을 바쳐 연구하고 있잖아요. 그렇다면 과연 AI 중에서도 문제 해결이 아닌 무언가를 스스로 궁금해하는, 존재의 이유를 해결하고 싶어하는 AI 철학자가 등장할지 저도 무척 궁금합니다.

만약 AI가 '나는 왜 존재하는가?' '나를 만든 사람은 누구인가?' 등 자신이 존재하는 이유에 대해 질문을 던지기 시작하는 때가 온다면 우리는 어떻게 대응해야 할까요?

저는 공존이 답이라고 생각해요. 대립의 관점에서 계속 AI를 두려워하는 이유는 우리가 느끼는 공포 때문이죠. 이 두려움을 빨리 걷어내고, 어떻게 AI와 공존할지, 또는 더 현명하게 이용할 방법은 무엇인지 고민해야 할 때라고 봅니다. 계속해서 직업이 없어지리라는 논의에만 집중하는 일은 맞지 않다고 생각해요. 결국 인간과 AI가 공존해야 한다는 결론에 이르리라 보는데, 왜냐하면 우리가 AI를 잘 활용할 수 있기 때문이죠. 하지만 제 걱정은, 기계가 과연 공존을 원할까 하는 점입니다. 인간이 자연과 동물을 어떻게 대했는지를 보면, 기계도 그렇게 생각할 수 있겠죠.

우리는 자연과 동물을 오랫동안 지배하고 이용해왔어요. 이제 AI라는 새로운 존재가 등장하는데, 이들과도 같은 방식으로 관계를 설정할 수는 없을 겁니다. 지구가 하나의 주체라면, 인간은 많은 잘못을 저질러온 종이라고 볼 수도 있어요. 우리는 인공지능을 통해 더 나은 공존의 방법을 찾을 수 있지 않을까요? 그래서 우리는 AI와의 관계를 새롭게 정의하고, 공존의 방법을 모색해야 한다고 생각해요. AI와의 관계에서 우리가 배울 점은, 자연과 더불어 살아가는 방식일지도 모릅니다.

"지구가 하나의 주체라면,
인간은 많은 잘못을 저질러온 종이라고 볼 수도 있어요.
우리는 AI를 통해 더 나은 공존의 방법을
찾을 수 있지 않을까요?"

퍼텐셜이 아닌
어빌리티를 팔아라

사람의 마음을 캐는
마인드 마이너
작가 송길영

빅데이터 전문가
저서 『시대예보: 호명사회』, 『시대예보: 핵개인의 시대』, 『그냥 하지 말라』,
『상상하지 말라』, 『여기에 당신의 욕망이 보인다』 외

"정해진 캐릭터를 거부해야 한다"

조직보다 개인이 중요하고, 잠재력이 아닌 능력을 파는 시대다. 넘쳐나는 데이터 속에 살지만 알고리즘 세상은 나의 선호, 나의 편의에 맞춰 우리를 고립시키고, 현실은 교집합이 없는 단절된 조각들로 쪼개지고 있다. AI 아바타와의 우정은 깊어지겠지만 현실의 친구는 사라질 것이다. 나약하고 이기적인 인류가 되지 않기 위해 우리가 할 수 있는 일은 무엇일까? 사람들의 마음을 캐내어 우리의 과거와 오늘을 들여다보는 일. 빅데이터 전문가이자 작가 송길영이 헤아리는 우리 시대의 마음은 불안이다. 이것을 해결하기 위해 우리는 반드시 나로서 계속 성장해야 한다.

퍼텐셜이 아닌 어빌리티를 파는 시대

> 명함을 보면 본인을 '마인드 마이너mind miner'라고 소개하고 있습니다. 어떤 의미인지 궁금합니다.

저는 사람들이 남기는 흔적 속에서 그들의 마음을 캐내는 일을 하고 있어요. 이걸 '마이닝 마인드'라고 정의했죠. 더 나아가서, 사람들의 합의가 변천되는 점을 관찰하고 우리 시대를 관통하는 마음을 헤아려보려는 사람이라고 소개하고 싶습니다.

저는 30년을 회사에서 일했어요. 그런데 29년 차, 30년 차에 들어서면서 제가 그동안 어떻게 살아왔는지 생각해보았습니다. 당시 핵개인의 시대에 관한 책을 썼는데, 이 책이 나오는 날 회사를 그만뒀습니다. 사회의 변화를 이야기하고 있으니 스스로가 그런 형태의 삶을 살아야 하는 것이 아닌가 하는 생각이었죠. 지난가을엔 다섯번째 책을 출간하게 됐어요. 10여 년 동안 책을 써온 것인데, 이게 제가 좋아하는 일이라면 업으로 삼아야 하지 않을까 싶었어요. 기업에서는 여러 동료와 함께 일을 했다면 이제는 혼자 오롯이 하는 작업을 해보고 싶어서 작가라는 타이틀도 얻게 되었습니다.

> 회사를 박차고 나오신 뒤로 삶과 사람을 바라보는 시각에 변화가 있으셨을 것 같아요.

동료들과 함께 기업을 만들었죠. 선후배들이 모여서 '함께 사회를 바꿔보고 싶다'는 생각을 한 거예요. 행복한 시간이었습니다. 동료들을 통해서 배우는 것을 세상과 교류하면서 더욱 새로운 공부를 할 수 있었습니다. 하나의 공부가 다른 공부와 만나면서 더 많은 영감을 받을 수 있다는 것을 알게 되었죠.

그러면서 일의 형태라는 것은 다양할 수 있으며 기업이라는 형식뿐만이 아닌, 다른 많은 형식이 있다는 사실을 깨달았죠. 생애가 짧았던 지난 시대에는 한 조직에 들어갔다가 나오는 것으로 끝이 났고, 조직이 개인보다 우수하다는 사고방식이 우세했어요. 그런데 지금의 기업은 예전 같지 않죠. 혁신이 지속되고 있고, 이런 흐름에 따라서 합쳐지거나 쪼개지는 일이 계속되고 있어요. 그리고 인간이 오래 살게 됐죠. 그러다보니 이제는 조직보다 개인이 더 중요해졌음을 모두가 느끼기 시작했어요.

이런 겁니다. 첫번째 직장에서 다 해봤네. 그럼 두번째 직장에서도 한번 해보자. 또 세번째에서 해보자. 이런 과정을 연결하면 전체 인생이 나오는 거죠. 그래서 이제는 오히려 특정 조직에서의 삶이 인생의 작은 부분이고, 개개인이 일하는 방식이 더 중요한 쪽으로 역전된 시대인 거예요. 직장의 이동만으로 삶을 구성하는 것이 무의미해지고, 한 사람이 어떻게 일해왔는지가 더 중요해진 셈이죠.

> **"이제는 조직보다 개인이 더 중요해졌음을
> 모두가 느끼기 시작했어요."**

> 우리나라는 유독 그 사람의 경력, 이력, 출생지, 출신 학교 같은 걸 중요하게 여겨요. '왕년에 말이야' '라떼는 말이야'라는 이야기가 여전히 통용되는 사회이기도 하고요. 이런 특성에 대해 어떻게 생각하시는지요?

집단적 형태의 사고와 오롯이 개인을 바라보는 사조와의 갈등 같은 것이라 생각해요. 여기에 대한 해석은 여러 가지가 있거든요. 기본적으로 한국은 역동성이 큰 나라예요. 수많은 전란, 개혁, 혁명이 있었고 그 과정에서 기존의 기득권이 많이 와해되고 새롭게 기회를 얻는 일이 빈발했죠.

더 많이 교육받고 그만큼의 사회적 역할을 하는 사람들이 수혜를 먼저 받았습니다. 그렇게 우리는 남들이 보기에 좀더 선망되는 학력을 가진 사람이 그만큼의 결과를 내리라는 판타지까지 갖게 되었죠.

미국은 학력과 무관하게 개인이 할 수 있는 능력을 검증하기 시작했어요. 무엇보다도 퍼텐셜potential이 아니라 어빌리티ability를 파는 것이죠. 어떤 형태로 표현하든 능력이 있으면 충분히 고유의 역할을 구현할 수 있는 시대에 접어들었습니다.

> 현재 실리콘밸리에서는 졸업장이 있는 사람을 신기하게 보거나, 왜 계속 학교에 있었는지 묻기도 한다고 해요. 졸업장이 있으면 할일이 없어서 졸업 때까지 버틴 거라

는 의미가 될 수도 있는 거죠. 반면 한국은 졸업하지 않고 휴학하면서 대학생 신분을 오래 유지하려고 합니다. 졸업장을 마치 계급장처럼 인식하는 시각도 있죠.

한국에서 부모가 아이에게 단골로 하는 이야기가 있어요. 일단 대학에 들어가야 하니까 국영수 중심으로 공부하라고 해요. 그런 다음 대학을 가면 아이는 부모에게 물어봅니다. "이제 어떻게 할까요?" 그럼 일단 졸업을 하라고 하죠. 졸업한 뒤에 생각해보자고요. 이건 결정을 유예하고 있다는 뜻이에요.
명확한 비전과 꿈이 있다면 그 분야에 몰입해야죠. 국영수를 다 잘할 필요는 없지 않을까요? 우리는 어쩌면 가능성이 열려 있었기 때문에 모든 걸 준비하다가 그 무엇도 하지 못한 건 아닐까요? 내 안에 있는 꿈을 발견한다면 그쪽에 몰입할 수 있으니까 더 많이, 그리고 더 깊게 갈 수 있으리라 생각해요.

> "우리는 어쩌면 가능성이 열려 있었기 때문에
> 모든 걸 준비하다가 그 무엇도 하지 못한 건 아닐까요?"

남기는 사람, 해석하는 AI

작가님은 우리 사회에 대한 데이터를 집요할 정도로 모

으고, 한편으로는 프로파일링하고 있는 듯해요. 한마디로 한국 사회의 DNA와 지문을 수집하고 있는 거죠. 그렇다면 이곳에 일종의 범죄가 벌어졌다는 뜻일 수도 있을까요? 우리 사회가 그리 건강한 편은 아니라고 여기실 수도 있을 듯한데, 이에 대해 어떻게 생각하시나요?

출발은 불일치에 대한 해소였어요. 예를 들어 어떤 물건이 안 팔리는 이유가 뭘까? 소비자가 만족하지 않는 것은 무엇 때문일까? 이해하고 해결하기 위한 노력을 해야 했죠. 그때는 데이터가 수단으로 쓰였던 거예요. 이후 학력에 대한 무모할 만큼의 의존이라든지 아니면 우리 삶에서의 갈등, 신뢰의 부족은 어디에서 비롯되었는지를 들여다보지 않을 수가 없게 됐어요.

그래서 자연스럽게 여러 가지 사회현상, 다양한 사람의 갈등 양상을 관찰하게 됐고요. 더 나아가서 이제는 이러한 고민과 생각들을 기록으로 남겨보자는 결심에 이르렀습니다. 인류학에서 계속 사람들에 대한 관찰지를 남기는 이유도 결국은 이해하고 싶어서입니다. 그들의 삶이 이렇게 된 이유가 있을 테고, 그때의 세시풍속기를 남기면 후학들도 볼 수 있잖아요. 즉 관찰지를 기록하면서 지금의 자신이 살아온 과정을 이해할 수 있게 되는 것이고, 동시에 후대의 사람들이 자기 삶을 이해하도록 돕는 것이죠. 이런 측면에서 본다면 감히 조심스럽게 '목표 없이 그냥 남기고 있다'고 말할 수 있을 것 같아요.

사람들에 대한 관찰지를 남기는 것은
결국은 삶을 이해하고 싶어서입니다.

> 남긴다는 것은 정말 중요하다고 생각해요. 우리가 무엇인가를 남긴다면 누구를 위해서인지, 즉 대상이나 목표가 있을 겁니다. 그게 후손일 수도 있고, 미래의 나일 수도 있고, 인류의 문명을 이어받을 AI일 수도 있겠고요. 이런 관점에서 100년 후 또는 200년 후에 지금 작가님이 수집하고 계시는 모든 데이터를 통해 미래 인류학을 연구할 주체는 사람일까요? 아니면 기계일까요?

재미있는 생각이에요. 그럴지도 모르겠네요. 저희가 처음 이런 작업을 했을 때 많은 도움을 받은 곳이 있었는데 그분들이 해온 작업의 형식은 정성적qualitative이었어요. 하지만 저희는 그들처럼 오랜 경험이나 자원이 없었기 때문에 전체를 바라보고 데이터를 누적하는 방식을 취했죠. 그렇게 하면서 오히려 더 장기적인 시야를 갖게 되었어요.

그런데 작업을 해보니 우리 방식도 결국은 에스노그래피Ethnography의 한 형태로 볼 수 있다는 걸 알게 되었어요. 에스노그래피란 질적 연구 방법의 하나로, 어떤 하나의 문화를 기준으로 묶일 수 있는 민족집단에 참여함으로써 그들이 경험하는 일상의 의미를 생생하게 해석하는 방법이죠. 그다음 알게 된 건, 관찰은 이미 수많은 분이 하셨다는 것이었어요. 그래서 저희도 그런 부분에 기여해야 하지 않을까 생각했죠. 지금의 작업들은 현재의 우리를 위해서이기도 하지만, 앞으로 세상을 살아갈 후배들을 위해서 무언가를 남기려는 목적도 있어요.

지금 대한민국 사회에 대한 기록을 남기려는 작가님의 작업을 일종의 '인터넷 인류학'이라고 볼 수도 있을 것 같은데요. 미래의 인공지능이 현재의 대한민국을 본다면 무슨 생각을 할까요? 우리를 어떤 종류의 인간이었다고 생각할까요?

조심스럽게 말씀드리자면 '압축된 각축장'의 샘플로 볼 것 같아요. 보통은 급격한 변화가 일어나면 실험 대상체는 힘들어합니다. 대부분 천천히 적응하는 과정을 거쳐요. 한국은 자의든 타의든 급격한 변화를 겪었는데 적응을 너무 잘했어요.

우리는 지금 온라인으로 모든 걸 할 수 있는 구조 속에서 살아가고 있어요. 모든 것이 실시간 스트리밍되고 있죠. 다시 말하면 부정을 저지를 수 없어요. 회사에서 일하다 잠시 외출을 다녀와도 예전에는 핑계를 댈 수 있었지만 지금은 실시간으로 기록이 남죠. 대리출석도 과거에는 가능했지만 이제는 어림없는 얘기가 되었어요. 좋게 말하면 효율화의 극단까지 간 것이고, 반대로 말하면 나의 삶의 방식을 매번 바꿔야 된다고 할 수 있어요.

오늘날 우리가 받는 철학적 질문이 있죠. 챗GPT는 언어 기호로 세상을 경험했기 때문에 그것은 실제 세상이 아니라고 이야기하는 분들이 있는가 하면, 스케일의 법칙으로 대부분의 현상이 기호가 됐기 때문에 학습된 데이터는 현실을 압축해서 보여준다고 말하는 분들도 있습니다. 후자의 경우는 챗GPT가 텍스트만이 아닌 현실을 이해한다는 의미인데요. 작가님은 어떻게 생각하시는지요?

일종의 절댓값에 대한 탐미인 것 같아요. 우리가 생각하는 사고의 체계라는 것이 언어로만 표현되지 않기 때문에 그렇죠. 그만큼에 대한 인지는 아무리 만든다고 해도 불가능하다고 생각하는 쪽이에요. 다만 내가 느끼고 인지하고 지각하는 것들이 어느 정도로 상대에게 전달될 수 있을까 하는 부분은 김대식 교수님 같은 분들이 연구해주셔야 할 일이 아닐까 싶어요.

쪼개지고 분리된 현실에서 나를 증명하는 일

독일 철학자 위르겐 하버마스는 민주주의 사회에서 토론을 하기 위해서는 공공의 장이 필요하다고 했습니다. 뇌과학자로서 저는 그의 말을 '우리 각자가 느끼고 인식하는 현실에 교집합이 충분해야 토론이 가능하다'는 뜻으로 이해합니다. 우리는 지금 인터넷 전체의 데이터가 아닌 내가 선호하거나 나와 선호도가 비슷한 사람들이 만들어내는 데이터를 주고받고 있습니다. 이미 현실이

> 쪼개지고 분리되기 시작했어요. 소통에 대한 필요는 교집합 내에서 겹쳐진 부분이 아닌 나머지 부분을 이해하기 위해 노력하는 과정에서 나오는 건데, 완전히 다른 세상에 산다면 그럴 필요조차 사라지겠죠.

분리된 사회가 과거에 비해 나빠진 걸까요? 예전에는 아예 이동이 없었어요. 그러니 정보를 전혀 몰랐죠. 세상에 무슨 일이 일어나고 있는지 알 수가 없었어요. 지금은 연결성이 커진 만큼 전보다 정보에 대한 이해는 분명히 늘었습니다. 다만 전달되는 관심사나 토론하는 주제는 제한됐기 때문에 이전보다는 나아졌지만 우리의 이상보다는 부족하다고 볼 수 있겠죠.

또하나는 갈등에 대한 문제입니다. 노키즈존, 노시니어존 같은 것이 많이 생겼죠. 누구와 함께 있는 상황이 불편해진 거예요. 예전에는 식당에서 우는 아기들을 종종 볼 수 있었어요. 각자 본인들의 자녀가 있으니 다른 아이가 울어도 이해해주는 것이 사회적 분위기였죠. 그런데 최근 들어 출생률이 사상 최저를 기록하면서 아이와 함께해본 경험이 적거나 또는 아이를 가질 계획조차 없는 사람이 많아졌어요. 이들에게 아이는 본인과 아무 상관 없는 경험이 되었어요. 아이라는 존재의 관여가 없어지고 그렇기 때문에 다른 사람과 나의 삶이 분리되는 현상을 발견할 수 있어요. 얼마 전에 들은 충격적인 얘기인데, 아기를 데리고 비행기에 탄 엄마가 승객들에게 사탕을 나눠줬다고 해요. 아이가 울 수도 있으니 미리 미안한 마음을 표하기 위해서요.

이 모든 게 함께 살아본 경험이 없어진 사람들이 서로를 반목하는 거라고 볼 수 있습니다. 지금 문제는 나의 편의, 나의 선호, 나에 대한 추구 등이 함께 사는 것들을 제한하는 사회로 가고 있다는 점입니다. 위험한 일이에요. 그러면 공감이 부족해질 뿐만 아니라 불행해집니다. 세상이 이렇게 계속 분리되고 쪼개지면 과연 서로가 연대할 수 있을까 고민하게 되죠.

> **"지금 문제는 나의 편의, 나의 선호, 나에 대한 추구 등이 함께 사는 것들을 제한하는 사회로 가고 있다는 점입니다."**

최근에 나오는 멀티 모달Multi Modal■ 생성형 AI 아바타들을 보면 우리 개인을 정말 안심시켜주고 이해해줄 것 같은 관계를 형성합니다. 인류 역사상 나의 걱정을 새벽 3시에 아무 불평 없이 들어줬던 존재는 없었어요. 게다가 잔소리도 하지 않고 귀찮으면 언제든 끌 수도 있죠. AI에 대한 가짜 뉴스 등을 우려하는 분이 많은데, 오히려 가장 큰 걱정은 AI 시대에 인간이 다른 인간 없이도 행복할 수 있기 때문에 인간성이 위협받을지 모른다는 점이 아닌가 해요.

■ 시각, 청각을 비롯한 여러 인터페이스를 통해 정보를 주고받는 것.

맞아요. 사람 사이의 상호 존중이 줄어들 수 있어요. 심리학자들이 그 부분에 대한 이야기를 많이 합니다. 예를 들어 농부가 둘 있어요. 한 농부는 도끼를 빌려야 하고 다른 농부는 쟁기를 빌려야 한다면, 서로가 빌리고 빌려주게 되니 인내하고 신경을 쓰게 된다는 거죠. 그런데 한쪽이 돈을 많이 가지면 이렇게 된대요. "도끼 빌릴 때 돈 주면 되지, 아니면 사든가." 이러면서 상대의 부탁을 안 들어주게 되죠. 그러다보면 서로 멀어지고 결국 고립돼서 나중에는 외로움에 이른다고 해요.

우리의 목표는 '목표를 달성하는 것'이 아니라 '관계를 통해서 안온감을 찾고 상대와의 관계를 유지하는 것'이라고 학자들은 얘기하죠. 나에게 잘해주는 사람은 평생 은인 같은 관계인데 만약 내가 그 사람을 함부로 대하면 못된 짓을 하는 거잖아요. 그런데 AI는 죄책감 없이 대할 수 있죠.

빅테크들은 그들이 수십조를 투자해 만든 서비스를 사회 대부분의 구성원들이 쓰도록 만들어야 해요. 그러지 않으면 회사가 망할 테니까요. 뭐가 되었든 앞으로도 중독성 있는 서비스를 만들겠죠. 그게 바로 페이스북을 만든 메타 같은 회사들이 가장 잘하는 거잖아요. 이런 관점에서 보면 대부분의 사람들은 앞으로 타인이 아닌 기계와 사회성을 형성하게 될 것입니다. 그게 제일 편하기 때문이에요. 그러면 우려하시는 일이 벌어지겠죠. 본인의 이야기를 다 들어주고 함부로 말해도 아무런 불평 없는 기계와 일주일 내내 대화하다, 갑자기 밖으로 나와 사람과 제대로 된 대화를 나눌 수 있을까요?

이런 상황이 계속 진행된다고 가정하면, 어느 순간부터 사람이 사람을 만나는 일에 대한 두려움이 생길 수 있어요. 은둔형 외톨이에 대한 이슈가 일본에서 시작되어 최근에는 한국에서도 나오고 있죠.

앞으로 두 가지의 시나리오가 걱정됩니다. 하나는 인류의 멸종이죠. 인간은 나약한 종이기 때문에 소통이나 교류가 없고 사회성까지 사라진다면 생존이 어려울 수 있습니다. 또하나는 불안감의 증폭이죠. 우리 사회는 현재 높은 불안감을 안고 있어요. 친구와의 관계도 어렵고, 서로의 MBTI 얘기나 주고받게 되죠. 결국 '좋아요'나 댓글을 토대로 한 나에 대한 평가에 따라 안절부절못하게 되죠. 소셜미디어 사용 금지 같은 급진적인 법률들이 해외에서 나오고 있지만, 이게 해결책은 아니라고 생각해요. 다만 이것이 어떤 의미인지에 대해 적어도 각성은 하고 있는 거죠.

> 그렇다면 지금 시대에 개인이 가지는 불안을 해소할 수 있는 방법은 무엇일까요?

무조건 자립해야 합니다. 자립하고 나면 연결되어야 안온감을 느끼고, 좋은 개인이 합쳐지고 연대했을 때 더 큰 일을 할 수 있으니까요. 지난 10년간의 한국 사회를 보면 두 가지 특징을 꼽을 수 있습니다. 하나는 소셜네트워크 때문에 개인들이 모두 강화학습이 되었다는 거예요. 바로 '좋아요'와 칭찬의 문화죠. '나 밥 먹었어' 하면 '좋아요'라는, '여기 다녀왔어'라고 하면 '좋아요'라는 칭찬이 오가요. 강화학습의 무서운 점이 처음에는 좋지만 어느 순간부터 그게 없으면 안 된다는 거예요. 이것의 핵심은 중독이거든요.

또하나는 사회 지식인들 혹은 기업들 일부가 '변화하려고 애쓰지 말라'는 메시지를 주는 거예요. 이들은 그냥 있는 대로 받아들이는 편이 좋다고 말합니다. 나에게 부족함이 있음을 느끼는 일 자체가 좋지 않다면서 너 자신을 그냥 받아들이라고 말해요. 물론 이것도 맞는 말이에요. 모두가 대단한 성공을 이룰 필요는 당연히 없죠. 하지만 변화나 노력의 중요성을 외면하게 되는 건 아닌가 싶어요.

최근 한 초등학교에서 흥미로운 일이 있었다고 하죠. 선생님이 학생에게 앞에 나와 수학 문제를 풀라고 했는데 아이가 풀지 못했다고 해요. 그러자 그 부모가 아이에게 창피를 줬다며 아이가 풀지 못하는 문제는 빼고 가르치라고 요청했다죠. 이것이 적절할까요? 본인이 모르는 건 그냥 포기할 거면 학교에 다닐 필요가 없잖아요.

한쪽은 내가 뭘 하든 잘한다고 계속 칭찬받으며 강화학습을 당하고, 또 한쪽은 변화에 대한 필요가 전혀 없다고 주장합니다. 이 두 가지가 자아를 약하게 만드는 게 아닐까요. 이것들의 결과물은 자아가 약한 사람, 멘탈이 약한 사람을 키우는 거니까요.

현재 독립적 자아를 찾고, 본인이 원하는 일을 하고 있는 분들은 크게 걱정되지 않아요. 30~40대는 물론 20대까지도요. 하지만 지금의 10대는 AI 시대에 어떻게 인생을 꾸려나가야 할까요? 결과적으로 생성형 AI가 사회와 직업에 영향을 주기까지는 10년 이상 걸릴 거예요. 바로 현재의 10대들이 직장을 얻을 시기가 되는 거죠. 이 친구들은 경력을 쌓을 수 있는 기회조차 AI와 경쟁해서 얻어야 할 수도 있다는 얘기입니다. 이들이 AI 시대에 어떤 태도를 가지면 좋을까요?

지금의 시대는 '선발'이 끝나가고 있다고 하죠. 과거의 시스템은 선택받는 것이었어요. 단 하루 만에 개인의 '당락'이 결정되고 여기에서 떨어지면 곧바로 다른 일을 하게끔 선택이 되었죠. 여전히 한국 사회는 대학 입시가 인생을 바꾼다고 믿고 있고요. 그런데 더이상은 아닙니다. 데이터로만 봐도 예전에는 그랬지만 지금은 달라졌어요.

이제는 유튜브를 해도 돼요. 다른 일을 해도 되고요. 매일 블로그를 하고 그렇게 3년, 5년을 꾸준히 했더니 사람들이 좋아해주고, 반응이 있고, 일로 확장되면 그것 또한 작은 성공으로 보는 거예요. 그래서 예전 방식으로, 정해진 캐릭터로 사는 것이 아니라 본인이 인생을 증명하는 방향으로 가고 있어요.

선발하지도 않고 선발되지도 않는다면 개개인이 각자의 성공과 미래를 어떻게 찾아낼 수 있을까요?

고객이자 독자가 나라는 사람을 인정해줄 때까지 스스로 발전시켜나가는 거예요. 그래서 좋은 점은 예전에 비해 너그러움이 생겼다는 것이에요. 현재는 기술도 민주화되었고, 개인의 표현 방식이 다양해졌다는 말입니다. 반대로 단점은 계속 나아져야 한다는 점이에요. 어제의 나보다 오늘의 내가 나아져야 한다는 사실을 기억해야 해요. 미래 AI 시대에는 각자가 본인의 커리어를 선택해야 합니다. 사람들은 자신이 뭘 원하는지 모른다고 해요. 누구든 원하는 걸 쉽게 알 수는 없습니다. 그걸 알기 위해서는 계속해서 경험하고 탐색하고 생각해봐야 합니다.

> **"예전 방식으로, 정해진 캐릭터로 사는 것이 아니라 본인이 인생을 증명하는 방향으로 가고 있어요."**

나약함의 역설

사 회 와 기 술 의
이 야 기 를 담 는
소 설 가 장 강 명

연세대학교 도시공학 전공
전 동아일보 기자
저서 『먼저 온 미래』 『당신이 보고 싶어하는 세상』 『우리의 소원은 전쟁』 『댓글부대』
『한국이 싫어서』 외

"모든 인간은 하나의 서사다"

소설가 장강명은 우리가 인간성이라고 지칭하는 것, 즉 인간의 나약함과 여기에서 비롯되는 경험·통찰이 씨줄과 날줄로 얽히고설켜 이루어내는 서사야말로 기계가 범접할 수 없는 인간만의 영역이라고 믿는다. 우리의 목표와 삶의 본질과는 무관한 속도로 빠르게 발전하는 AI 시대가 종말 서사가 아닌 지상낙원의 서사가 되기 위해서는 역설적이게도 인간의 나약함, 인간다움을 계속해서 지켜내야 한다고 그는 말한다.

AI는 절대 공감하지 못할 영역

요즘은 메타버스나 구글어스 같은 기술 덕분에 우리가 가보지 못한 세계나 시대를 클릭 몇 번만으로 경험할 수 있습니다. 그런데도 여전히 소설은 우리가 발 디딘 세계뿐 아니라 새로운 세계까지 경험할 수 있는 강력한 매체로 남아 있습니다. 소설이 가진 힘은 대체 무엇일까요?

저는 모든 인간을 하나의 서사로 이해합니다. 심지어 정신과의사도 환자를 상담할 때, 그 사람의 삶을 이야기로 풀어가며 치료하죠. '지금 잘못된 방향으로 가고 있으니, 이렇게 하면 더 나아질 거다'라고 조언하는 과정 자체가 결국 하나의 스토리텔링입니다. 이것이 바로 인간이 세상을 이해하는 방식입니다. 인간은 근대소설이라는 장르가 생기기 훨씬 이전부터 서사라는 힘을 본능적으로 잘 알고 있었어요. 서사는 단순히 사실의 나열이 아닙니다. 허구적 요소와 픽션이 섞여 있어도 실제 이야기 못지않은 강력한 힘을 가집니다.

서사시가 존재하던 시절에도, 그 안에는 감정을 전달하는 다양한 기술이 포함되어 있었죠. 근대소설이 발명되면서, 언어라는 미디어는 하나의 강력한 매체가 되었습니다. 현재 메타버스나 가상현실 같은 새로운 기술들이 등장하고 있지만, 결국 인간이 모든 감각을 통해 서사를 이해하게 하는 데는 한계가 있습니다. 예를 들어 메타버스에서 시청각적인 요소를 경험하는 것만으로는 서사 전체를 전달받기 힘들어요. 후각이나 촉각 같은 요소가 빠진 메타버스 경험은 실물과는 다른 느낌을 줄 수밖에 없죠.

게다가 인간의 특정 감정을 표현하는 데는 단순한 시각적·청각적 정보만으로는 부족합니다. 만약 메타버스 안에서 '꿈이 좌절되는 기분'이나 '실연의 아픔'을 느끼게 하려면, 감각적 정보뿐 아니라 스토리가 필요해요. 시나리오를 통해 이야기의 맥락과 인물의 경험을 제공해야만 그 감정을 느낄 수 있죠. 예를 들어 제가 메타버스에서 '10년 전 썸을 탔던 남자가 갑자기 연락이 끊기고, 그가 죽었다는 소식을 들었다'라는 상황을 전달하려면, 그 전후 맥락을 충분히 이해시킬 수 있는 이야기가 필요합니다. 그저 "걔가 죽었어"라는 대사만 들었을 때는 아무런 감정적 반응이 없을 거예요.

결국 서사는 단순한 정보 전달을 넘어 맥락과 감정을 제공하는 중요한 요소입니다. 이것이 언어라는 매체의 힘이죠. 메타버스나 다른 기술들이 아무리 발전해도, 인간의 복잡한 경험과 감정을 온전히 전하기 위해서는 여전히 언어와 서사가 필요합니다. 이 부분에 기술이 언어의 힘을 완전히 대체할 수 없는 이유가 있다고 생각해요.

> **"메타버스나 다른 기술들이 아무리 발전해도,**
> **인간의 복잡한 경험과 감정을 온전히 전하기 위해서는**
> **여전히 언어와 서사가 필요합니다."**

> 챗GPT 같은 언어모델들의 발전 속도가 예사롭지 않습니다. 이런 현상들에 대해 어떤 인상을 받으시나요?

처음엔 정말 놀라웠습니다. 이전에도 대화형 인공지능 프로그램들은 있었지만, 챗GPT는 훨씬 더 자연스럽게 대화하는 것 같아요. 특히 글쓰기의 맥락을 어느 정도 이해하는 듯한 모습을 보였을 때, 이제 인공지능이 인간의 창작 영역에까지 들어올 수 있겠다는 생각도 들었습니다. 물론 여전히 인간이 쓴 글과는 다르지만 그 차이가 점점 줄어들고 있다는 점에서는 충격적이었죠. 이런 현상을 보면서 작가로서 AI가 제일에 미칠 영향도 걱정이 되었어요.

하지만 글을 쓰는 것은 단순히 데이터를 조합하는 작업이 아닌 인간의 감정과 경험을 담는 일인데, AI가 그 영역에 들어올 수 있을지 의문이 들었습니다. 저는 AI가 인간처럼 의식을 가질 수 있으리라고는 생각하지 않습니다. AI가 의식을 지녔다는 생각이 드는 건 단순한 착시일 뿐이죠. 의식이 있다고 해도 AI는 인간의 유한성이나 몸을 통한 경험을 이해하지 못할 것입니다. 우리는 신체적으로 한계가 있고, 고통을 느끼며, 시간의 흐름을 경험합니다. 이런 것들이 인간성을 형성하는 중요한 요소인데, AI는 그 부분을 공감하기 힘들 거예요.

게다가 미래에 등장할 지적 존재들은 애초에 인간성을 이해할 필요를 느끼지 않을 수도 있어요. 그들은 우리가 중요하게 여기는 육신이나 인간적 경험을 이해하지 못하고, 심지어 왜 그것이 중요한지조차 모르겠죠. '인간성'은 중요하지만, AI가 꼭 인간성을 획득해야만 하는 것은 아니라고 생각해요. 이걸 설명하기 위해 저는 하루키의 한 소설을 떠올립니다. 소설 속에서 '양'이라는 존재가 초인적인 힘을 주겠다고 제안하는데, 캐릭터 '쥐'는 이를 거절하고 인간의 나약함을 선택합니다. 쥐가 말하는 나약함은 여름에 마시는 맥주 한잔, 밤에 들리는 풀벌레 소리 같은 사소하지만 소중한 경험들이죠. 저도 이 나약함을 사랑합니다. AI나 트랜스휴먼 같은 존재들과 비교해서 이것이 우월하다고 말할 수는 없지만, 저는 그 나약함을 지키고 싶습니다. 그것이야말로 인간적인 삶의 본질이니까요.

> "AI는 인간의 유한성이나 몸을 통한 경험을
> 이해하지 못할 것입니다.
> 우리는 신체적으로 한계가 있고,
> 고통을 느끼며, 시간의 흐름을 경험합니다.
> 이런 것들이 인간성을 형성하는 중요한 요소인데,
> AI는 그 부분을 공감하기 힘들 거예요."

불완전함의 완전함

AI가 인간과 같은 방식으로 감정을 이해하거나 표현하는 데 한계가 있다고 생각하시나요?

AI는 기본적으로 데이터를 기반으로 학습한 정보를 통해 글을 씁니다. 그렇기 때문에 인간이 경험을 통해 느끼는 감정이나 깊은 통찰을 AI가 완전히 이해하기는 어렵다고 봅니다. 인간은 태어나면서부터 유한한 시간 속에서 신체적으로 제한된 경험을 통해 세상을 이해하죠. 그 과정에서 기쁨, 슬픔, 고통 등을 느끼며 성장합니다. 이런 감정적·육체적 경험은 글을 쓰는 데 있어 굉장히 중요한 요소입니다. 제가 AI와 기계에 대해 이야기할 때, 그들이 '그게 뭐가 중요해? 왜 필요해?'라고 질문할 수 있습니다. 하지만 인간 세계에서 살아온 저는 그간의 경험을 토대로 무엇이 중요하고 왜 필요한지 느낍니다. 이를 너무 인간 중심적이거나 이기적이라고 볼 수도 있지만, 저는 이 세상을 지키고 싶어요.

> 서사와 이야기가 인간의 중요한 사고방식이라고 하셨는데, AI가 인간의 서사를 어디까지 이해할 수 있을까요? 서사를 다루는 AI의 능력에 대해 어떻게 보시나요?

AI가 서사를 이해하는 방식은 결국 데이터의 패턴을 분석하는 데 기반을 두고 있다고 생각합니다. 하지만 서사란 단순한 패턴 이상의 것을 담고 있어요. 인간은 세상을 스토리로 이해하는 존재입니다. 우리는 다양한 경험과 감정을 통해 세상을 해석하고, 그 안에서 이야기를 만들죠. 서사는 인간의 감정·갈등·성장 등을 담고 있는데, AI는 그런 경험을 직접 하지 않죠. 그러니 스토리를 생성할 때도 그 깊이를 표현하는

기술을 사용하는 목적은
결국 더 나은 삶을 살기 위해서입니다.

데 한계가 있을 수밖에 없습니다.

예를 들어 AI가 소설을 쓸 수는 있지만, 그 소설이 독자에게 깊은 감동을 줄 수 있을지는 의문이에요. 스토리는 단순한 사건의 나열이 아니라, 그 속에서 인간이 느끼는 감정과 내면의 변화가 중요하거든요. AI가 스토리 구조를 잘 이해한다고 그것이 곧 훌륭한 이야기로 이어지지는 않아요. AI는 어디까지나 데이터를 분석하고 재구성하는 도구일 뿐, 인간적 경험이나 감정을 전달하기는 어렵다고 생각해요.

> 그렇다면 AI가 인간 창작자의 역할을 완전히 대체하기보다는 도구로서 공존할 가능성이 크다고 보시는 건가요? AI 기술의 발전이 인간성을 위협하는 지금, 우리는 무엇을 지켜야 할까요?

맞습니다. AI는 인간의 창작활동을 완전히 대체할 수 없을 것입니다. 하지만 AI가 창작 과정에서 보조 역할을 할 가능성은 충분히 있죠. 이미 AI를 활용해서 창작의 효율성을 높이거나 새로운 아이디어를 도출하는 시도가 이루어지고 있습니다. 저 역시 AI가 인간의 창작을 돕는 도구로서 발전할 가능성을 긍정적으로 봅니다. AI가 창조적인 영감을 직접 제공하지는 못하겠지만, 데이터를 빠르게 분석하고 다양한 아이디어를 제시할 수 있는 능력은 분명 유용할 거예요. AI가 단순한 보조자 역할에 머무르며 인간 창작자가 가진 감정적·창의적 능력을 더욱 확장시킬 수 있는 방향으로 발전하는 것이 이상적이라고 봅니다. 결국 중요한 건 AI가 인간 창작자의 도구로서 어떻게 사용되느냐에 달려 있다고 생각해요.

인간은 불완전하고, 그 불완전함 속에서 서로를 이해하고 공감하는 존재죠. 기술이 인간의 능력을 강화할 수는 있지만, 그 과정에서 우리의 인간다움이 사라져서는 안 된다고 봅니다. 인간이 가진 한계, 고통, 기쁨 같은 감정들이야말로 우리가 인간으로서 살아가는 이유입니다. 기술이 아무리 발전하더라도 우리가 기술을 사용하는 목적은 결국 더 나은 삶을 살기 위해서입니다.

그런데 이 과정에서 인간다움을 잃는다면 기술 발전의 의미가 퇴색될 수밖에 없어요. 따라서 기술은 인간의 존엄성을 지키면서 발전해야 하며, 그 균형을 맞추는 일이 매우 중요합니다. 기술이 발전하더라도 인간의 존엄성과 나약함을 지켜나가는 것이 우리의 과제라고 생각합니다.

> 인간의 나약함을 인간다움과 소설의 요소로서 매우 중요하게 생각하시는 것 같아요. 창작이라는 과정에서 나약함이라는 키워드는 어떻게 이해하면 좋을까요?

인간의 나약함은 창작의 중요한 원천 중 하나라고 생각합니다. 우리는 모두 불완전한 존재이고, 그 속에서 고통을 느끼며 성장하죠. 이 과정에서 얻는 경험과 감정들이 결국 창작에 큰 영향을 미쳐요. 예를 들어

제가 쓴 소설에서 등장인물들이 느끼는 좌절, 희망, 사랑 같은 감정들은 제가 겪었던 경험과 감정에서 비롯된 것이 많습니다. 나약함을 인정하고, 그 속에서 창작의 영감을 찾는 일이 중요하다고 봅니다. 인간의 창작은 단순한 기술이나 논리로 이루어지는 활동이 아니라 우리의 내면 깊은 곳에서 나오는 감정과 생각이 모여 이루어지는 작업입니다. AI가 그 부분을 이해하지 못하는 한, 인간의 창작 과정에서 나약함이 가지는 의미는 계속해서 중요할 것입니다.

> "인간은 불완전하고, 그 불완전함 속에서
> 서로를 이해하고 공감하는 존재죠.
> 기술이 인간의 능력을 강화할 수는 있지만,
> 그 과정에서 우리의 인간다움이 사라져서는 안 된다고 봅니다."

지상낙원 서사의 역기능

AI의 발전 속도와 그에 따른 미래에 대한 사람들의 우려는 어떻게 생각하시나요?

AI와 관련된 질문은 항상 '만약 이렇게 되면 어떻게 될까?'라는 형태로 제기됩니다. 이런 질문은 미래를 기정사실로 받아들이는 함정이 있어요. 우리는 그런 미래를 어떻게 만들지, 그리고 그 미래가 오면 우리 아

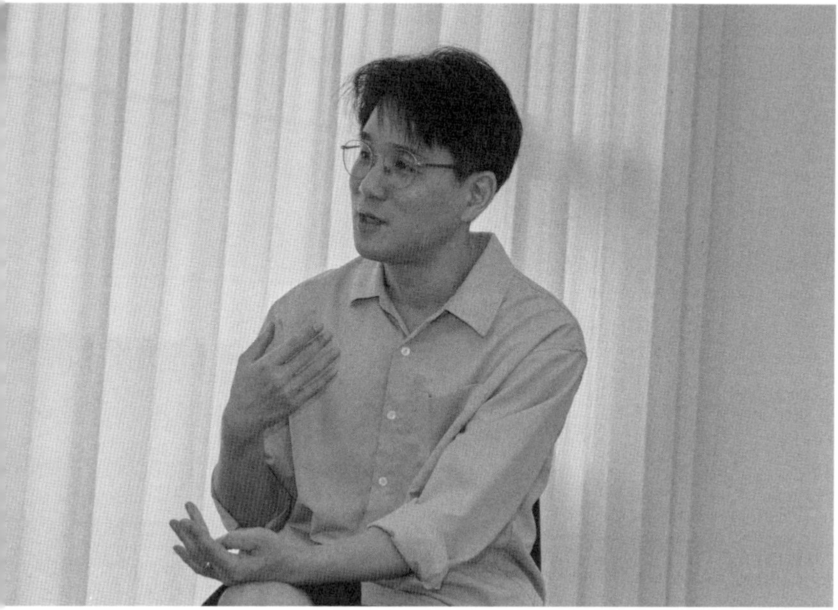

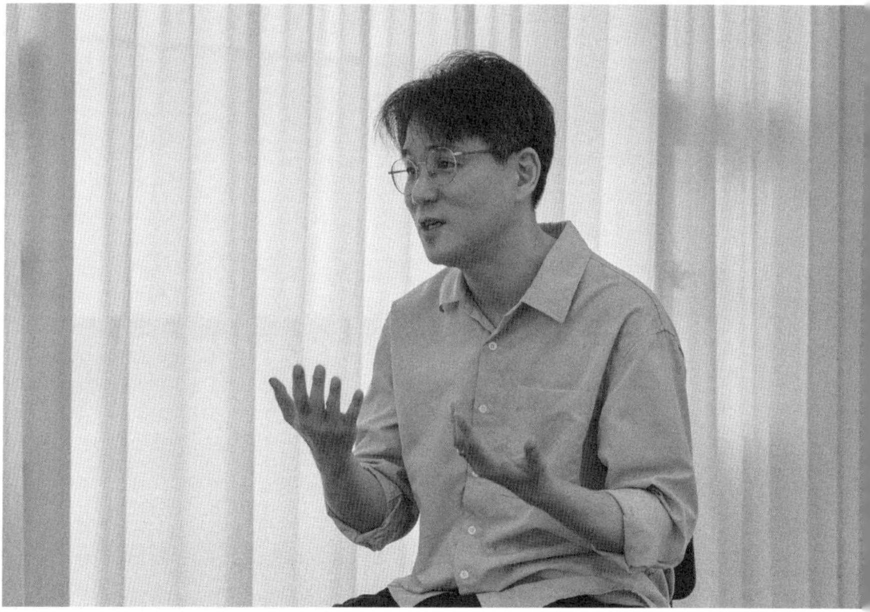

이들은 어떻게 교육받아야 할지에 대해 논의를 해야 합니다. 이런 질문들이 그저 그런 미래가 오리라는 가정하에서 진행되곤 하는데, 저는 그 전에 우리가 어떤 미래를 만들어야 할지 진지하게 고민해야 한다고 생각해요.

인류의 바람직한 미래를 생각할 때, 굶주리거나 병에 걸려 죽는 아이들이 없었으면 좋겠고 빈부격차가 줄어들기를 바랍니다. 우리가 존엄이라고 부르는 사회적 현상이 훼손되지 않도록 하는 것이 목표입니다. 이런 목표를 달성하기 위해 기술이 필요하다면, 우리는 적절한 기술을 개발할 수 있어요. 하지만 현재의 기술 개발 논리는 거꾸로 가고 있습니다. 기술을 먼저 개발한 다음에, 그 결과로 배고픈 아이들을 돕는 데 활용하겠다는 발상은 잘못된 것 같아요. 기술 개발자들이 대개 인간의 필요를 충족하기보다는 국방이나 이익을 위해 기술을 개발하는 경향이 강하죠. 심지어 재미로 개발하는 경우도 많습니다. 저는 기술이 인류를 위해 더 나은 방향으로 나아갈 수 있도록 그 본질과 목표를 명확히 해야 한다고 믿습니다.

> AI에 대한 책을 집필하고 계신다고 알고 있습니다. 이번엔 소설이 아닌 논픽션으로 독자들을 만날 예정*이라고 알고 있는데요. 어떤 내용일지 궁금합니다.

* 인터뷰 이후, 장강명 작가는 2025년 6월 『먼저 온 미래』를 출간했다.

타인의 경험을 전달하기 위해서는 언어, 즉 서사 외에는 방법이 없다고 생각해요. 그래서 항상 서사의 역할을 고민하게 되는데, 물론 늘 좋은 서사만 있는 것은 아닙니다. 예를 들어 종말 서사의 경우 인류를 공포에 떨게 하기도 하죠. 하지만 사람들에게 경각심을 주고 행동을 유도하는 데는 효과적입니다. 조지 오웰의 『1984』 같은 작품이 정치권력과 감시 기술의 결합이 가져올 위험성을 잘 보여주듯이요. 그런 의미에서 저는 새로운 종말 서사를 만들어 인공지능의 부정적인 측면을 경고하고 싶습니다. 기술의 통제를 주제로 다루고 싶고, 단순히 AI가 일자리를 없애는 데 그치는 것이 아니라 그로 인해 발생할 다양한 문제를 보여주고 싶습니다.

반대로 지상낙원 같은 서사가 나쁜 역할을 하기도 합니다. 지상낙원을 그린 이야기들은 종종 현실 세계의 지옥을 초래하곤 하죠. AI가 도입될 때 발생할 수 있는 기묘한 변화들을 보여주고 싶습니다. 예를 들어 바둑계에 AI가 등장하면서 일어난 여러 사건을 통해 이런 변화가 다른 분야에도 비슷하게 벌어질 수 있다고 말하고 싶어요. 이런 이야기를 담은 책을 준비하고 있어요.

지상낙원 서사의 역기능이 지금 우리에게도 일어나고 있다고 생각하시나요?

이미 우리가 겪고 있지요. 대표적으로 과거에 존재했던 사색하는 여유가 사라졌죠. 디지털 세대는 사색의 시간을 경험하지 못하고 자랍니다. 무척 아쉬운 부분이죠. 나약함은 인간성의 중요한 요소 중 하나이고, 결단과 불확실성을 인지하는 자세도 필수적인데 현재 많은 사람이 직접 고민하는 대신 다른 사람에게 선택을 아웃소싱하는 모습을 볼 수 있어요. 예를 들어 연애 문제를 해결하는 데 친구에게 상담하거나, 인터넷 게시판에 자신의 상황을 올린 뒤 그에 대한 댓글을 읽고 결정을 내리기도 하죠. 이는 자신의 결정을 타인에게 맡기는 모습입니다.

AI가 인간의 능력을 대체하면서 우리 생활에서 의미가 없어지는 능력들이 분명 생길 것입니다. 우리는 이미 많은 능력을 잃어가고 있고, 앞으로 어떤 능력이 없어질지에 대한 예측은 어려운 일입니다. AI가 발전함에 따라 우리의 정신적 능력도 이렇게 변화하고 있습니다.

관계의
설계

인간 존재의 본질과
공간을 읽는
건축가 유현준

홍익대학교 건축도시대학 건축학부 교수
유현준앤파트너스건축사사무소, 스페이스컨설팅그룹 대표
저서 『공간 인간』, 『유현준의 인문 건축 기행』, 『공간의 미래』 외
방송 〈이유 있는 건축〉 〈알아두면 쓸데없는 지구별 잡학사전〉 등 출연

"건축가는 수천 개의 AI 제안 속에서
선택하고 설득하는 사람이 될 것이다"

유현준 교수가 건축을 말할 때, 그 언어는 벽과 지붕을 넘어 인간 존재의 본질을 향한다. 그는 건축을 '기억의 틀'이라 부르고 인간과 인간 사이를 설계하는 일이라고 정의한다. 그렇다면 AI가 설계의 영역을 넘보는 지금, 건축가의 역할은 무엇일까? 휴머노이드와 함께 살아야 하는 시대, 건축은 어떤 얼굴을 해야 할까? '건축은 단지 건축가가 되기 위한 학문'이 아니라는 그의 설명처럼, 그가 하고자 하는 말은 단순한 건축 이야기가 아니다. 인간, 기술, 그리고 미래를 꿰뚫는 '생각하는 힘'에 대한 이야기다.

건축, 관계와 행동을 설계하는 예술

> 건축은 공학적이면서도 예술적인 면모가 있어야 하는 분야인 것 같습니다. 건축의 길을 선택하게 되신 특별한 계기가 있나요?

저는 한 가지에 몰입하는 스타일은 아니었어요. 외우는 건 싫어했고, 시간에 맞춰 움직이는 것도 힘들어했거든요. 그러다보니 고시 공부는 질색이었고, 수학이나 음악처럼 시간 압박이 있는 과목도 마음에 들지 않았어요. 그나마 좋아했던 활동은 그림 그리기였어요. 그림은 원할 때 시작하고 멈출 수 있으니까요. 자연스럽게 미술 쪽으로 관심이 갔고, 중고등학교 과목 중 유일하게 '자기표현'이 가능하다고 느꼈어요.

하지만 그냥 미술만 하기엔 또 어딘가 부족했어요. 당시 아버지가 기자셨는데, 직업 특성상 어떤 인물이나 그의 행동을 비판하는 일이 많았죠. 그런 일의 방식을 보면서 '다른 사람이 한 일을 평가하기보단 무언가를 직접 만들어내고 싶다'는 생각이 강했어요. 그런 생각을 토대로 여러 장래희망에 대해 고민했는데 남는 게 건축이더라고요.

문과도 아니고 이과도 아닌, 예체능과 공학이 교차하는 그 중간 어디쯤. 적성검사를 하면 항상 50 대 50으로 나왔던 제가 선택할 수 있는 거의 유일한 영역이었어요. 지금 생각해보면 할 수 있는 일 중에서 가장 '세상에 남는 일'을 바랐던 듯해요. 그래서 제게 건축이란, 결국 '말보다 행동' '비판보다 창조'를 선택한 결과이자 세상과 나 사이를 연결해주는 가장 인간적인 도구 같아요.

여러 장래희망 끝에 건축이 남았다는 말이 인상적입니다. 혹시 교수님께 영감을 준 인물이나 롤모델이 있나요?

20대에는 명확한 롤모델이 없었어요. 오히려 저는 '건축의 답은 건축 밖에 있다'는 생각을 가지고 있었거든요. 그래서 건축가보다는 다른 분야 사람들에게서 더 큰 영향을 받았던 것 같아요. 예를 들면 저는 마이클 조던을 굉장히 존경했어요. 단순히 농구를 잘해서가 아니라, 경기중 긴장감이나 불안감을 어떻게 자기 방식대로 극복하는지를 보면서 '아, 저건 진짜 삶의 태도구나'라고 느꼈거든요. 또 현대 물리학자들, 특히 새로운 개념을 증명해내는 사람들에게도 감탄했어요. 뭔가를 말로만이 아니라 수학적으로, 실험적으로 보여준다는 건 정말 멋진 일이라는 생각이 들었어요.

나이가 들수록 건축가들에게도 점점 감동을 받았어요. 30대 땐 루이스 칸이 감명적이었고, 50대가 되니까 르 코르뷔지에가 더 와닿더라고요. 젊을 땐 감성적인 언어가 좋았다면 나이가 들면서는 구조와 질서, 시대를 꿰뚫는 힘 같은 게 눈에 들어오더라고요. 그래서 지금도 딱 한 명의 롤모델을 꼽기는 어렵지만, 시기마다 제가 감응했던 '사고방식'들이 지금의 저를 만든 듯해요. 중요한 건 '어떤 사람처럼 되고 싶다'보다는 '어떻게 생각하고 살아갈 것인가'를 따라가는 일이라고 생각해요.

'공간'과 '건축'의 본질은 무엇일까요? 건축에 대한 교수님의 철학도 궁금합니다.

제 건축 철학은 두 문장으로 간단하게 정리돼요. 공간은 정보다. 그리고 건축은 관계를 디자인하는 것이다. 많은 사람이 건축을 기능적으로만 보지만, 저는 늘 그 이상을 생각해요. 기능은 기본이에요. 예를 들어 자는 공간, 먹는 공간은 당연히 있어야 하잖아요. 그건 말 그대로 '기계적인 조건'이죠. 그보다 정말 중요한 부분은 그 공간에 사는 사람들 사이의 '관계'예요. 좋은 공간은 그 안에 사는 사람들의 관계를 자연스럽고 평화롭게 만들어줘요. 그래서 공간 설계란 단순히 벽과 지붕을 만드는 일이 아니라, 사람 사이의 거리를 정하고 시선을 조절하고 자연스럽게 만나게 할지 아닐지를 결정하는 일종의 '관계 설계'라고 봐요.

이걸 제대로 이해하려면 공간의 기원을 떠올려볼 필요가 있어요. 저는 인간의 공간 개념은 '모닥불'에서 시작됐다고 생각하거든요. 따뜻한 불을 중심으로 사람들이 둘러앉으면서 자연스럽게 거리와 방향이 정해지고, 안과 밖의 구분이 만들어지고, 밝음과 어둠의 경계가 생겨요. 그게 '공간 인간'의 시작이에요. 동물들에게는 이런 공간 감각이 없어요. 인간만이 '불 앞의 거리감'을 감각하고, 관계를 조율하면서 공간을 만들기 시작했죠. 저는 거기서부터 건축이 시작됐다고 생각해요.

그다음 단계는 '동굴벽화'예요. 인간이 자기 생각을 남기고 공유하려 한 첫번째 시도가 벽에 그림을 그리는 거였죠. 말보다 훨씬 본능적이고 강력한 커뮤니케이션이었어요. 그런 상징을 공간에 남기면서 우리는 공동체·문화·종교 같은 집단 감각을 만들어갔고, 건축은 그 모든 것을 담는 '기억의 틀'이 되었어요. 그래서 건축은 곧 인간의 사고와 감정을 시각화하고, 조직화하고, 전달해온 가장 오래된 정보기술이라고 생각해요. 지금도 마찬가지예요. 병원의 대기실, 학교의 복도, 아파트의 베란다처럼 작은 공간들이 사실은 다 '어떻게 사람을 움직이게 할 것인가'를 계산한 결과물이거든요.

또 하나 중요한 부분이 '동선'이에요. 공간 안에서 사람들이 어떻게 움직일지, 누구와 마주칠지, 어디에서 멈추고 시선이 머물지를 설계하는 일이 건축이에요. 좁은 복도를 지나면 대화가 줄어들고, 시야가 트인 공간에서는 마음도 열리거든요. 그래서 저는 건축을 '무형의 질서를 설계하는 일'이라고도 말해요. 물리적인 구조물로 사람을 가두는 게 아니라, 그 구조물 사이의 흐름과 리듬을 설계해서 오히려 사람을 더 자유롭게 만드는 거죠. 건축이 단순히 집을 짓는 일이 아니라, 삶의 습관을 디자인하는 일이라고 생각해요. 우리가 어떻게 걷고, 어디에 앉고, 누구와 얼마나 머물게 될지를 공간이 결정하거든요. 결국 건축은 눈에 보이는 구조보다, 눈에 보이지 않는 관계와 행동을 설계하는 예술이자 기술이에요.

> "건축은 그 모든 것을 담는 '기억의 틀'이 되었어요.
> 그래서 건축은 곧 인간의 사고와 감정을
> 시각화하고, 조직화하고, 전달해온
> 가장 오래된 정보기술이라고 생각해요."

AI와 파트너가 되는 시대

AI 시대가 본격화되었습니다. 인간만이 할 수 있다고 생각했던 영역까지도 빠르게 AI로 대체되고 있는데요. 앞으로 건축가는 어떤 역할을 하게 될까요?

AI가 정말 빠른 속도로 건축설계 안으로 들어오고 있어요. 예전에는 건축가만이 할 수 있다고 여겨진 1차 아이디어 생성이나 직관적인 형태 제안 같은 부분도 이제는 AI가 훨씬 빠른 속도로 수백, 수천 개를 처리하죠. 그럼 건축가는 이제 뭘 하느냐고요? 그 수많은 제안 중 무엇을 선택하고, 왜 선택했는지 설명하고 설득하는 사람이 되는 거예요. 건축설계는 도면을 그리고 공간을 만드는 게 전부가 아니거든요. 사실 정말 많은 시간을 투자해야 하는 부분이 커뮤니케이션이에요. 건축주에게 왜 이 공간이 필요한지, 어떤 기능을 원하는지 설명하고, 때로는 행정기관·시공사·구조기술자·전기설비팀까지 수많은 이해관계자와 끊임없이 의견을 조율하고 조정하고 설득하는 과정이 전체 설계의 80퍼센트 이상을 차지해요. 그러니까 AI가 형태를 만들어주는 시대가 되면, 인간 건축가에게 요구되는 능력은 '이 공간이 왜 이래야만 하는가'를 설명할 수 있는 사고력과 통찰력, 그리고 관계 조율력이 될 거예요. 저는 그게 인간 건축가의 역할이 줄어드는 게 아니라 오히려 더 명확해지는 과정이라고 생각해요. 우리가 사람을 위한 공간을 만드는 존재라는 본질은 AI가 대체할 수 없거든요.

AI가 형태를 만들어주는 시대가 되면,
인간 건축가에서 요구되는 것은 사고와 통찰력
그리고 관계 조율 능력이 될 것입니다.

"그럼 건축가는 이제 뭘 하느냐고요?
그 수많은 제안 중 무엇을 선택하고, 왜 선택했는지,
설명하고 설득하는 사람이 되는 거예요."

현재 현업에서 AI를 사용하는 분들이 많잖아요. 건축 분야에서는 AI와의 협업은 어떻게 이루어지고 있나요?

저는 AI와 꽤 오래전부터 인연이 있었어요. MIT에서 공부할 당시, 건축과 안에 '셰이프 그래머shape grammar'라는 개념이 있었어요. 건축가가 자기 생각의 문법을 통해 설계를 발전시킨다는 개념이에요. 예를 들어 어떤 건축가가 주택을 설계할 때, 남쪽에 현관을 두고 방을 배치했다가 어느 날 생각이 바뀌어서 서쪽으로 현관을 옮기면 그 이후의 설계는 당연히 달라지겠죠. 그런데 AI가 이 건축가의 과거 설계 과정을 학습한 후 '당신이라면 이럴 경우 이렇게 바꿨을 거야'라며 다음 평면을 예측해서 제시해주는 프로그램이 있었어요. 그걸 보고 깜짝 놀랐죠. 이미 건축가의 '생각하는 방식'조차 학습될 수 있구나, 단순한 도면 생성이 아니라 건축가의 사고 구조를 이해하는 방향으로 가고 있구나 싶었어요.

요즘 AI가 만들어내는 이미지들은 픽셀 기반이에요. 하지만 건축은 선으로 구성된 추상적인 사고의 결과물이거든요. 선 하나의 굵기, 밀도, 간격, 이런 것들이 다 의미를 담고 있어요. 그러니까 지금 AI가 도면 생성을 완전히 대체하지 못하는 이유는 바로 이 '추상화된 선의 의미'를 이해하지 못하기 때문이에요. 그런데 그걸 이해하게 되는 순간, 건축가와 AI는 진짜로 '협업'을 하게 되죠. 저는 AI가 건축가의 도구를 넘어서 '파트너'가 되는 시대가 머지않았다고 생각해요. 그 시점이 오면 건축가의 역할도 다시 새롭게 정의돼야 할 거예요.

> "저는 AI가 건축가의 도구를 넘어서
> '파트너'가 되는 시대가 머지않았다고 생각해요."

앞으로 휴머노이드나 비인간 존재들이 인간의 일상공간에 함께 머물게 된다면, 건축은 어떤 식으로 달라질까요?

AI가 처음 등장했을 땐 아직 '가상공간'에만 머물러 있다고 생각했어요. 인간은 물리적인 공간에 살고, AI는 디지털 공간에 존재했죠. 그런데 이제는 휴머노이드라는 형태를 통해 AI가 아날로그 공간, 즉 우리가 사는 현실로 들어오기 시작했어요. 두 다리로 걷고, 문을 열고, 계단을 오르내릴 수 있는 기계와 공간을 공유하는 시대가 온 거죠.
이제부터는 집안 구조를 설계할 때 사람만 생각하면 안 되는 거예요. 로봇도 고려해야 하죠. 예를 들어 문 너비나 천장 높이, 가구 배치까지 사람이 살기 편할 뿐 아니라 로봇이 쉽게 작동할 수 있도록 설계되어야 합니다. 단순히 기능적인 차원에서 끝나는 게 아니에요. 로봇과 함

께 사는 공간은 감정적으로도 인간에게 완전히 새로운 환경이 될 수밖에 없죠. 그래서 저는 앞으로 건축은 인간과 기계가 '공존'하는 방식을 새롭게 디자인해야 한다고 생각해요. 공간은 단순히 벽과 바닥이 아니라, 관계의 무대거든요. 이제는 사람과 사람, 사람과 공간, 사람과 기계 간의 관계까지 공간이 품어야 해요. 이건 건축가에게 굉장히 흥미롭고도 도전적인 과제예요.

> 예산이나 규제 등 현실적 제약이 전혀 없다면, 교수님께서 꼭 한번 설계해보고 싶은 공간이 있으신가요?

도시 전체를 설계해보고 싶어요. 그냥 멋진 박물관 하나, 멋진 주택 하나가 아니라요. 스마트시티 같은 걸 제대로 만들어보고 싶다는 생각이 늘 있어요. 요즘 시대의 문제들은 건물 하나로 해결할 수 있는 게 아니거든요. 도시의 규모가 커지고, 사람들의 이동 패턴이 복잡해지고, 기후 문제, 에너지 문제, 갈등과 밀집도까지 모두 연결돼 있기 때문에 하나의 빌딩을 설계한다고 해결될 수 없어요.

즉 도시라는 시스템 자체를 통째로 새롭게 설계할 필요가 있는 거죠. 예를 들어 에너지 동선, 사람들이 모이고 흩어지는 흐름, 물과 공기의 순환, 정보가 전달되는 방식, 이런 것들을 통합적으로 고려하면서 공간을 짜야 해요. 만약 정말 아무런 제약 없이 예산이 무한하고, 규제도 없고, 정치적 이해관계도 없다면 저는 물리법칙만 지키는 조건 안에서 가장 에너지 효율적이고 인간다운 도시를 만들어보고 싶어요. 물론 그런 도시를 만드는 게 단순히 기술의 문제만은 아니라고 생각해요. 그 도시 안에서 사람이 어떤 삶을 살게 되느냐, 어떤 관계를 맺게 되느냐가 가장 중요하거든요.

건축이 여전히 중요한 이유는 '공간이 삶을 바꾸고 관계를 정리하며 사회를 설계하는 틀'이기 때문이에요. 미래는 기술이 아니라 결국 '사람을 위한 구조'를 누가 어떻게 만들 수 있느냐의 싸움이 아닐까 싶어요.

> 지금 건축을 공부하고 있는 젊은 세대에게 꼭 해주고 싶은 조언이 있다면 무엇일까요?

요즘 친구들은 지금 하는 일로 미래에 무엇이 될 수 있을지, 직업이 있을지부터 걱정하더라고요. 건축은 단지 건축가가 되기 위해 공부하는 학문이 아니에요. 정말 중요한 건 그 과정을 통해 '어떻게 생각하고, 어떻게 정리하고, 어떻게 말할 것인가'를 배운다는 거예요. 건축학과를 다니다보면 철학, 공학, 예술, 사회학, 심리학까지 다 거쳐요. 공부량도 상당하고, 과제도 많고, 밤도 자주 새우죠. 그런데 그 과정에서 얻는 힘은 꽤 오래갑니다. 그리고 그건 꼭 설계도를 그리지 않더라도, 어떤 분야를 가든 그 사람만의 방식으로 발현돼요. 건축과를 나왔다고 모두가 건축가가 되지 않죠. 요즘은 정말 다양한 길로 가니까요. 시공, 마케팅, 전략기획, 심지어 방송이나 콘텐츠를 제작하는 사람도 있어요.

무엇보다 세상을 보는 눈이 달라져요. 똑같이 로마에 여행을 가도 건축을 배운 사람은 그 도시에 숨겨진 시간의 결을 읽어요. 그게 바로 건축이 주는 가장 멋진 선물 중 하나예요. 직업이 뭐든, 세상이 어떻게 바뀌든, 공간을 읽고 구조를 생각할 수 있는 능력은 삶을 훨씬 더 풍부하게 만들어줄 거예요. 그래서 저는 스무 살로 돌아간다고 해도 다시 건축을 선택할 겁니다. 아마 많은 건축가가 저와 똑같이 대답하지 않을까 싶어요.

"건축이 여전히 중요한 이유는 '공간이 삶을 바꾸고 관계를 정리하며 사회를 설계하는 틀'이기 때문이에요. 미래는 기술이 아니라 결국 '사람을 위한 구조'를 누가 어떻게 만들 수 있느냐의 싸움이 아닐까 싶어요."

아우라라는 시간의 축

침묵 속
진심을 그리는
영화감독 김태용

2011년 제20회 부일영화상 최우수감독상
2007년 제44회 대종상영화제 시나리오상, 작품상
2006년 제27회 청룡영화상 감독상
영화 〈원더랜드〉〈만추〉〈가족의 탄생〉〈여고괴담 두번째 이야기〉 등 연출

"AI에게는 아우라가 없다"

AI가 그림을 그리고 시를 쓰고 영상을 만드는 '생성형 창의성'의 시대. 존재하지 않는 세상을 상상해야 하는 영화감독은 어떤 생각을 가지고 있을까? 영화 〈원더랜드〉 〈만추〉의 김태용 감독에게 물어보았다. 생성형 AI 시대에 영화란 무엇일까? 그리고 동시에 '김태용 GPT', 그러니까 인터넷에 있는 김태용 감독 관련 데이터로 학습시킨 생성형 AI에게도 비슷한 질문을 던져보았다. '인간 김태용'과 'AI 김태용'의 대결일까? 아니면 서로가 보지 못한 걸 보충해줄까?

'김태용 GPT'가 본 AI 시대의 영화 제작

기계에게 물었다_____ 생성형 AI 시대에 영화를 만드는 과정이 어떻게 변할까요?

김태용 GPT_____ AI 시대에 영화 제작 과정이 어떻게 변할 것인지에 대해 심도 깊은 통찰을 제공할 수 있을 것입니다. 예를 들어 영화 〈만추〉나 〈가족의 탄생〉에서 보여준 섬세하고 인간 중심의 접근 방식을 고려할 때, 아마도 AI가 영화 제작 과정에 가져올 변화를 인간의 창의력과 감성을 보완하고 향상시키는 기회로 볼 수 있습니다. 일례로 시나리오 작성에서 AI는 기존의 이야기 구조를 분석하고 새로운 플롯의 가능성을 제안하여 작가들이 더 독창적이고 다층적인 이야기를 만드는 데 도움을 줄 수 있습니다. 하지만 김태용 감독은 이러한 기술의 활용이 결국 인간 작가의 창의적 결정과 감성적 깊이를 대체할 수 없다는 점을 강조할 것입니다. 촬영과 후반작업 과정에서도 AI는 더욱 효율적이고 창의적인 작업 흐름을 가능하게 할 수 있습니다. 예를 들어 AI 기반의 시각 효과 소프트웨어는 더욱 현실적이고 복잡한 장면을 생성할 수 있게 하며, 색채 보정이나 편집 과정에서도 AI의 분석 능력은 더욱 섬세하고 정교한 결과물을 만들어낼 수 있게 해줍니다. 그러나 김태용 감독은 이러한 기술적 진보가 영화의 감성적 진실성과 인간적 연결을 강화하는 데 사용되어야 한다고 주장할 것입니다. 또한 AI가 가져올 변화가 영화 제작뿐만 아니라 관객과의 상호작용 방식에도 영향을 미칠 것으로 보입니다. AI를 활용한 맞춤형 영화 추천 시스템이나 가상현실을 통한 몰입형 영화 경험 등은 관객이 영화를 경험하는 새로운 차원을 열어줄 수 있습니다. 하지만 그는 이런 기술적 발전이 관객과 영화 사이의 감성적 공감대 형성을 방해해서는 안 되며 오히려 강화할 수 있어야 한다고 강조할 것입니다.

결국 생성형 AI 시대에 영화 제작 과정이 기술의 측면에서는 혁신적으로 발전할 수 있지만, 영화의 본질인 인간의 감정과 이야기를 전달하는 데는 여전히 인간의 창의력과 감성이 핵심적인 역할을 할 것이라고 말할 듯합니다. 그는 AI의 발전을 영화예술을 더욱 풍부하게 만드는 도구로 보되, 그 핵심에는 언제나 인간의 감정과 영혼이 있어야 한다고 할 것입니다.

> 김태용 감독의 영화 〈만추〉에서 두 주인공은 다시 만나게 될까요? 그들이 다시 만나는 게 좋은 걸까요?

김태용 GPT ____ 〈만추〉는 두 낯선 사람, 애나와 훈이 짧은 시간 동안 서로의 삶에 깊이 들어가며 겪는 감정의 변화를 섬세하게 그려냅니다. 이 영화는 두 인물의 관계를 통해 인간관계의 복잡성과 삶의 불확실성에 대해 다시 한번 생각해보도록 만듭니다. 김태용 감독은 영화의 결말을 열린 해석에 맡기는 경향이 있어, 관객이 스스로의 생각과 감정을 영화에 투영할 수 있는 여지를 제공합니다.

기술적 진보는 영화의 감성적 진실성과 인간적 연결을 강화하는 데 사용되어야 합니다.

영화의 본질은 인간의 감정과 이야기를 전달하는 것.
핵심은 변하지 않되, AI는 영화예술을 풍부하게 만드는 도구가 될 것입니다.

〈만추〉에서 두 주인공이 다시 만날지는 직접적으로 명시되지 않았고, 이는 영화를 본 관객들 사이에서도 다양한 해석과 논의를 낳았습니다. 어떤 이들은 두 주인공의 재회를 낙관적으로 바라보며, 그들 사이에 싹튼 감정이 시간과 공간을 넘어서 이어질 수 있다고 믿습니다. 반면 다른 이들은 영화가 그린 만남과 이별의 순환 속에서 두 주인공의 관계가 그저 지나가는 순간의 연결일 뿐이라고 해석하기도 합니다.

두 주인공이 다시 만나는 것이 좋은지에 대해서는, 그들의 관계가 갖는 의미와 각자의 삶에서 이 관계가 차지하는 자리를 고려해볼 필요가 있습니다. 영화 속에서 애나와 훈은 서로에게 큰 변화와 성찰의 기회를 제공합니다. 두 사람의 만남은 그들 각자에게 깊은 영향을 미치며, 삶을 바라보는 새로운 시각을 제공합니다. 이런 관점에서 본다면, 그들은 다시 만남으로써 성찰과 변화의 여정을 계속 이어가는 기회를 가질 수 있습니다.

그러나 인생은 예측할 수 없고 때로는 완결성보다는 과정 자체에서 의미를 찾는 일이 중요할 수 있습니다. 그들의 재회가 영화에서 주는 메시지와 감정의 여운을 훼손하지 않는 방식으로 이루어진다면, 그것은 분명 긍정적인 전개일 것입니다. 하지만 두 사람이 다시 만나지 않더라도, 그들의 만남이 지닌 의미와 변화는 여전히 각자의 삶에 깊이 남아있을 것입니다. 결국 〈만추〉는 두 사람의 관계를 통해 우리 모두에게 '삶의 불확실성 속에서도 변화와 성장의 가능성을 탐색하고, 순간의 아름다움을 소중히 여길 것'을 상기시킵니다.

인간의 이야기에는 '아우라'가 있다

다시 인간에게 물었다 ___ 생성형 AI 시대에 영화를 만든다는 것은 어떤 의미가 있을까요?

김태용 ___ 정말 어려운 지점이에요. 문학에서도 소수의 작가들이 글을 쓰던 시대를 지나 최근에는 작가가 될 수 있는 방식도 다각화되었죠. 사진도 마찬가지죠. 전에는 사진기를 사용해 활동하는 전문 사진작가들이 있었지만 기술이 발전하면서 지금은 누구나 사진을 찍을 수 있게 되었고요. 아마도 문학이나 사진처럼 영화를 만드는 일 또한 비슷할 것 같아요. 생성형 AI는 더 발전할 것이고, 그럼 아마 대부분의 사람들이 자기만의 스토리텔링을 통해 영화를 만들 수 있게 되리라고 생각해요.

그러면 사람들은 영화를 그 자체로 즐기지 않게 될 수 있어요. '저 정도는 나도 금방 제작해볼 수 있겠는데'와 같이 소비자가 아닌 생산자로서 영화를 바라보게 될 거예요. 이런 변화는 영화에 대한 기대치를 자연스럽게 높이겠죠. AI 시대의 영화는 감상자들의 감상법이 더 정교해지고, 좋은 영화에 대한 기대치도 훨씬 높아지리라고 생각해요.

> "AI 시대의 영화는 감상자들의 감상법이 더 정교해지고,
> 좋은 영화에 대한 기대치도 훨씬 높아지리라고 생각해요."

'김태용-GPT'에게 했던 질문을 다시 해보겠습니다. 감독님, 영화 〈만추〉에서 두 주인공은 다시 만나게 될까요? 다시 만나는 게 좋을까요?

김태용___ 이 이야기를 쓸 때 제일 처음 생각했던 것이 '한 여자가 누군가를 기다리고 있다'라는 장면이었어요. '여자는 어떤 기억으로 그 어떤 사람을 기다리고 있을까? 계속 기다리는 그 사람의 기억을 영화로 만들어보자'였어요. 그리고 결국 기다려도 끝까지 오지 않는 상황을 전제로 시작했었죠. '오지 않는 누군가를 기다리고 있다'가 전제인 영화를 만들었는데 촬영 마지막이 되어서는 '둘은 언젠가 다시 만날 수도 있겠구나'라는 생각으로 조금 변하게 되었어요.

이 질문이 저에게 좋은 질문이라고 느껴졌어요. 전제로 시작했던 '오지 않는 기다림'에 대한 설정의 영화를 찍으면서 '어쩌면 만날 수도 있겠다'는 느낌적으로 약간 스친 생각의 변화로만 있었는데, 오늘 질문에 답을 하면서 스스로도 생각에 변화가 있었다는 사실을 다시 발견하게 되었어요.

'두 주인공은 다시 만나는 게 좋을까요?'라는 질문에 대해서는 잘 모르겠어요. 누군가는 다시 만나길 바랄 수도 있을 것이고, 두 주인공이 재회해야 한다고 생각할 수도 있겠지만 제 생각에 만나는 게 좋을지 모르겠네요.

감독님은 AI보다 훨씬 더 정교한 정보를 주셨어요. 영화를 만들기 전에는 오지 않는 기다림으로 생각했었는데 촬영을 하다보니 그 인물들과 가까워진 거죠. 마음이 생겼달까요. 두 사람이 다시 만났으면 좋겠구나, 라고 말이에요. 감독님의 기존 영화에 대한 정보는 인터넷 검색을 통해 챗GPT도 충분히 학습할 수 있겠죠. 그런데 방금 말씀해주신 이야기는 감독님이 몸과 마음으로 직접 경험한 감독님만의 생각이고 내용이에요. 이렇게 경험한 사람의 마음과 생각은 과거의 순간에도 있고 또다시 현재로 되살아나기도, 변화하기도 합니다.

김태용____ 기계가 예술작품을 복제할 수 있는 시대에는 '아우라Aura'라는 개념이 중요하다고 하지요. 챗GPT의 답에는 이 아우라가 없다는 게 느껴집니다. 저는 아우라가 결국 시간의 축이라고 생각해요. 여기 지금 평범한 의자 하나가 있다고 칩시다. 그런데 누군가 갑자기 일주일 전에 BTS가 이 의자에 앉았다고 알려줘요. 그러면 이 의자 앞이 난리가 나겠죠. 와서 만져보기도 하고 의자 앞에 긴 줄이 늘어설 거예요. 물질적인 건 똑같은 건데 말이에요.

챗GPT가 만드는 결과물은 아무런 기억과 역사가 없는 의자와 같다는 생각이 들어요. 여기에 BTS, 즉 이야기와 기억이 들어오면 아우라가 생기죠. 물론 그 아우라는 우리 머릿속에 있는 것이지만 어떤 것이 관계 안에서 의미가 부여되는 순간 그 개체 자체가 달라지는 거죠.

처음부터 챗GPT에게 어떤 이야기를 맡긴다면 그건 아우라가 없는 껍질로 시작하는 셈이에요. 그런데 만약 인간의 무언가에서 시작된다면 그후에 변화되거나 필요한 요소들은 챗GPT가 많이 도와줄 수 있겠죠. 이것이 AI라는 기술이 창작에 줄 수 있는 가장 큰 도움의 방식이고, 그렇게 되었을 때 이전에는 없던 새로운 도구가 될 거예요.

사람들끼리 협업할 때도 비슷합니다. 한 사람의 아이디어가 씨앗이 되어 세계관으로 자라고, 그 안에 다른 사람들이 함께하게 되죠. 그 과정에서 생각은 변화하고, 새로운 무언가가 만들어지는 시간을 모두가 공유합니다. 결국 누군가의 씨앗은 그 시간 속에서 그 사람의 아우라를 느끼게 하죠. AI도 인간이 만든 세계관 안에 들어와 협업자로 머물러야 한다고 생각합니다. 만약 그 씨앗까지 넘겨준다면, 인간 고유의 아우라가 사라질지도 모릅니다.

> "처음부터 챗GPT에게 어떤 이야기를 맡긴다면 그건 아우라가 없는 껍질로 시작하는 셈이에요."

우리는 정말 시뮬레이션 속에 살고 있을까

뇌를 연구하다보면 어느 한순간 섬뜩할 정도로 신기한 생각을 하게 된다. 바로 우리 뇌가 머릿속에 있다는 사실이다. 당연한 일이기에 느끼기조차 어렵지만, 생각할수록 정말 신기한 일이다. 태어나서 죽을 때까지 뇌는 두개골이라는 어두컴컴한 '감옥'에 갇혀 있다. 우리 뇌는 바깥 세상과 현실을 직접 볼 수 없다는 말이다. 사랑하는 사람의 얼굴도, 이 세상에서 가장 아름다운 풍경도 우리는 있는 그대로 직접 체험할 수 없다.

현대 뇌과학은 눈, 코, 귀, 피부를 통해 전달된 정보가 뇌 속 신경세포들을 통해 처리되고, 이렇게 만들어진 해석본을 우리가 경험하고 있다고 주장한다. 뇌는 세상을 보는 게 아니라, 뇌 속에서 벌어지는 신경세포들의 전기적 반응을 해석하고 있다는 말이다. 덕분에 우리는 세상을 있는 그대로 보는 것이 아니라, 뇌라는 진화적 색안경을 통해서만 경험할 수 있다. 그런데 만약 현실을 언제나 진화적 렌즈를 통해서만 경험할 수 있다면 문제가 생긴다. 바로 우리에게 주어진 정보가 완벽할 수 없다는 점이다. 박쥐는 반사된 초음파를 통해 세상을 알아보고, 뱀은 적외선 탐지를 통해 어두운 밤에도 세상을 볼 수 있지만, 우리 인간은 두 가지 능력 모두 가지지 못했다.

인간과 AI의 그럴듯한 거짓말

인간의 진화적 렌즈가 완벽할 수 없다면, 놓치는 정보가 있을 수밖에 없다. 그렇다면 완벽하지 않은 정보를 기반으로, 뇌는 어떻게 '완벽해 보이는' 현실을 보여주고 있는 걸까? 다행히 뇌는 이미 진화와 경험을 통해 많은 데이터를 학습했기에, 학습된 데이터를 기반으로 가지지 못한 나머지 정보를 추론하고 생성해낼 수 있다. 그렇다고 이렇게 생성된 데이터가 반드시 진실일 필요는 없다. 뇌는 참과 거짓을 구별하기 위해 만들어진 기계가 아니다. 생존에 도움만 된다면 거짓도 얼마든지 만들어내고 믿을 수 있는 게 인간의 뇌다.

존재하지 않는 내용을 생성해내는 뇌. 수많은 예제가 있지만 아마 신경생물학자 로저 스페리 교수의 실험 결과가 가장 유명할 것이다. 인간의 뇌는 언어능력을 가진 좌뇌와 언어능력이 없는 우뇌로 나뉘어 있다. 1950년도에서 1960년도 사이 극심한 간질병 치료를 위해 좌뇌와 우뇌를 분리시켰던 환자들을 대상으로 실험하던 중 스페리 교수는 충격적인 결과를 얻는다. 화면을 우뇌만 볼 수 있도록 설정한 후 겨울 풍경을 보여준다고 상상해보자. 언어능력이 없는 우뇌는 기대했던 대로 본 것을 말로 표현하지 못한다. 하지만 우뇌가 컨트롤하는 왼손을 사용해 책상 위 아무 사진이나 고르라고 부탁하면 대부분 겨울 풍경과

COLUMN

연관된 사진을 선택한다. 그럼 이제 좌뇌에게 왜 하필 겨울 풍경 사진을 선택했느냐고 물어보자. 좌뇌는 겨울 풍경을 본 적이 없기에 정답은 '모릅니다'일 것이다. 하지만 놀랍게도 좌뇌는 모른다는 대답을 하지 않는다. 대신 할루시네이션$_{hallucination}$* 을 시작한다. 작년에 갔던 스키 여행이 기억났다거나, 최근에 겨울 풍경이 나오는 영화를 봤다고 말한다. 확인해보면 그런 일들은 없었다. 결국 좌뇌는 원인을 알 수 없는 자신의 행동을 정당화하는 가짜 이야기를 만들어내고 있었던 것이다. 스페리 교수의 연구 결과에 따르면 인간의 뇌는 현실을 있는 그대로 이해하려는 것이 아니다. 우리 뇌는 완벽할 수 없는 해석을 정당화하고 예측 가능하게 만들어주는, 페이크 기억과 페이크 이야기를 할루시네이션해주는 기계일 수도 있다는 말이다.

챗GPT 덕분에 최근 생성형 AI가 많은 관심을 받고 있다. 하지만 생성형 AI에게는 치명적인 문제점이 하나 있다. 바로 진실처럼 들리는 그럴싸한 가짜 이야기를 자주 만들어낸다는 사실이다. 'AI 할루시네이션'이라 불리는 이 현상을 우리는 이제 이렇게 설명해볼 수 있겠다. 챗GPT 역시 세상의 인과관계를 완벽하게 알 수 없다. 뇌와 마찬가지로 진실을 알지 못하는 챗GPT는 자신의 선택을 가장 잘 정당화하고 예측 가능하게 만들어주는 이야기로 '할루시네이션'하는 건지도 모른다. 어쩌면 생성형 AI의 할루시네이션 능력이야말로 진정한 의미에서 인류가

* 환청이나 환각 등 실제로 존재하지 않는 비현실적인 이미지나 소리, 감각을 경험하는 상태를 의미한다.

이제 인간을 빼닮은 인공지능을 만들기 시작했다는 역설적인 증거가 될 수 있을 것이다.

어쩌면 우리는 NPC가 아닐까?

1999년 처음 상영된 영화 〈매트릭스〉는 25년 가까이 꾸준히 사랑받는 영화계 클래식이다. 〈매트릭스〉 인기의 핵심은 아마도─적어도 당시에는 충격적인 전제였을 것이다─우리가 살고 있는 세상이 진짜가 아닌, 초거대 인공지능이 만들어낸 시뮬레이션이라는 가설이었다. 우리 눈에 보이는 세상, 어린 시절 나의 기억, 사랑하는 사람의 목소리…… 이 모든 것이 진짜가 아닌 컴퓨터가 만들어낸 허상에 불과하다? 내 인생 자체가 시뮬레이션이고, 나의 모든 선택이 컴퓨터 코드로 이미 정해져 있다면, 도대체 '나'라는 존재는 무엇일까?

물론 〈매트릭스〉는 단순한 상상에 불과하다. 하지만 어쩌면 우리가 이미 컴퓨터 시뮬레이션에 살고 있을지 모른다는 주장을 하는 사람들이 실리콘밸리를 중심으로 늘어나고 있다. 특히 일론 머스크는 우리가 진짜 현실에 살고 있을 확률이 수억 분의 1에 불과하다고 말하기도 한다. 도대체 어떤 근거로 그런 말을 하는 걸까? 옥스퍼드대의 닉 보스트롬 교수는 이미 2003년 '당신은 컴퓨터 시뮬레이션에 살고 있을까요?'라는 글에서 이렇게 주장했다. 오리지널은 언제나 단 하나지만, 복제품

COLUMN

과 시뮬레이션은 무한으로 가능하다고.

이런 상상을 해보자. 아침 일찍 랜덤으로 집 앞에서 레오나르도 다빈치의 〈모나리자〉를 발견했다고 치자. 아무 노력 없이, 우연의 결과로 발견한 그림이 하필 이 세상에 단 하나뿐인 오리지널일 확률은 거의 없다. 오리지널은 아마도 여전히 파리 루브르박물관에 걸려 있고, 오늘 아침 발견한 그림은 복제품일 확률이 압도적으로 높다. 비슷한 논리를 우리가 경험하는 현실에도 적용해볼 수 있을 것이다. 우리는 아무 노력 없이 이 세상에 태어났다. 우리가 살고 있는 세상과 현실, 부모님과 환경을 선택한 적이 없다. 그냥 태어났고 눈을 뜨니 지금 우리가 경험하고 있는 현실이었다. 그렇다면 이렇게 아무 노력 없이 우연의 결과로 얻게 된 현실이 하필 우주에 단 하나뿐인 진짜 현실일 확률은 0에 가깝다. 반대로 지금 우리가 경험하고 있는 현실이 무한에 가까운 복제나 시뮬레이션 중 하나일 확률은 압도적으로 높다.

그렇다면 우리는 지금 누구의 시뮬레이션을 경험하고 있는 것일까? 인류는 이미 많은 시뮬레이션을 만들고 있다. 그렇다면 백년, 천년, 만년 후 인류는 우리가 상상도 할 수 없을 정도의 정교한 시뮬레이션을 만들어낼 수 있을 것이다. 그리고 그들은 물리학, 일기, 경제 시뮬레이션을 넘어 과거 인류에 대한 역사 시뮬레이션까지 만들어볼 수 있을 것이다. 과거 로마제국은 어떻게 세상을 지배할 수 있었을까? 몽골제국과 십자군 전쟁의 역사, 그리고 20세기 반도체와 인공지능 기술의 발전. 특히 21세기 챗GPT와 생성형 AI의 역사는 우리 인류의 후손이 아닌, 21세기 생성형 AI로부터 시작된 미래 초지능 AI 기계들의 시뮬레이션일 가능성이 높다. 자신들의 기원을 더 자세히 알아보기 위해 기계 역사의 핵심인 21세기를 시뮬레이션하고 있는지도 모른다는 얘기다.

우리는 정말 시뮬레이션 속에 살고 있을까? 사실 보스트롬 교수의 가설은 단순한 철학적 주장이지 과학적 이론은 아니다. 과학적 가설은 언제나 실험과 경험을 통해 증명하거나 부정할 수 있어야 한다. 하지만 시뮬레이션 가설은 증명도, 부정도 불가능하다. 우리가 할 수 있는 그 어떤 실험이나 증명 역시 시뮬레이션을 입증하려는 시뮬레이션 결과에 불가할 테니 말이다.

독일의 극작가이자 시인인 베르톨트 브레히트는 신의 존재보다, 신의 존재에 따라 우리의 삶이 어떻게 달라지는지가 더 중요하다고 말한 적 있다. 비슷하게 우리가 시뮬레이션에 살고 있는지 그 자체보다도, 만약 현실이 시뮬레이션일 경우 삶과 인생에 대한 우리의 태도가 어떻게 달라질지가 더 중요하다. 그리고 그런 시뮬레이션 속에선 '나'라는 존재의 정체성이 가장 중요하다. 나는 결국 시뮬레이션 세상에서의 NPC, 그러니까 시뮬레이션 속 인조 캐릭터에 불가할까? 아니면 나라는 존재가 이 시뮬레이션을 돌리고 있는 주인공이자 플레이어일까? 그리고 내가 플레이어라면, 나는 결국 수만 년 후 미래 인간일까? 아니면 수만 년 전 인간의 삶을 시뮬레이션하고 있는 초지능 인공지능일까?

COLUMN

영생의 비법을 찾아낸 인류

좋아하던 배우가 죽었다는 소식을 들었을 때였을까? 아니면 친한 친구가 갑자기 사고로 세상을 떠났을 때였을까? 또는 부모님이 돌아가신 뒤 넓고 험한 이 세상에 나 혼자 남았다는 생각이 들었을 때였을까? 시간과 상황은 다르겠지만, 우리 모두 어느 순간 머리가 번쩍할 때가 있다. 모든 인간은 죽는다는 사실을 깨달았을 때다. 그리고 곧 그보다 더 큰 충격적인 사실을 알게 되는데, 바로 나 역시 인간이기에 언젠가는 죽게 된다는 것이다.

아무리 생각해도 말이 안 된다. 어차피 결국 죽음으로 끝난다면, 지금 이 순간 열심히 살아야 할 이유가 하나도 없지 않을까? 알면서도 도저히 용납할 수 없는 나 자신의 죽음에 대해 우리는 세 가지 질문을 해볼 수 있다. 우선 인간이 근본적으로 왜 죽어야 하는지가 궁금하다. 두번째로 죽어야 한다는 사실을 알면서도 왜 여전히 살려고 버둥대는지 이해하기 어렵다. 그리고 마지막으로 '죽음을 영원히 극복할 수는 없을까? 인간이 영원히 살 수 있는 방법은 정말 없는 걸까?' 알고 싶다.

우선 첫번째 질문부터 고민해보자. 왜 인간은 죽어야 할까? 단순하게 생각하면 당연한 일이다. 모든 기계는 오래 사용하면 고장이 난다. 비슷하게 인간의 신체 역시 수십 년 사용하면 망가지고 완전히 멈추는 게 당연하지 않을까? 사실 그렇게 당연한 일은 아니다. 기계와 달리 생명체들은 재생과 회복 능력 역시 가지고 있기 때문이다. 손톱은 자르면 다시 자라고, 도마뱀의 꼬리도 다시 자란다.

그렇다면 바꿔서 질문해보자. 충분히 고치고 재생할 수 있는 몸인데 왜 시간이 지날수록 점점 망가져가는 걸까? 자연이 노화와 죽음에는 관심이 없기 때문이다. 진화 과정의 핵심은 최대한 많은 유전자를 후대에 넘기는 일이다. 덕분에 유전자는 어린 시절 잘 크고 생존할 수 있도록 최적화되어 있다. 반대로 이미 번식을 했을 나이의 성인과 노인의 건강과 생존에는 더이상 신경쓸 필요가 없다. 어린 시절 도움이 되던 유전자들이 나이들면서 신체에 문제를 일으키더라도 굳이 해결해야 할 이유가 없다는 뜻이다. 그리고 이렇게 누적된 문제들이 노화와 죽음의 근본적인 원인이라고 과학자들은 가설한다. 결국 우리가 죽는 이유가 번식할 때까지 건강을 유지해야 하기 때문이라면, 죽음은 젊음에 대한 대가라는 역설적인 결론을 내릴 수 있다.

그렇다면 두번째 질문, 죽는다는 사실을 알면서도 왜 우리는 여전히 미래를 위해 일하고 있는 걸까? 바로 '나만은 죽지 않는다'는 엄청난 인지적 '킬러 애플리케이션'이 등장했기 때문인지도 모른다. 모든 인간은 죽기에 분명 나도 죽을 텐데, 대부분은 죽음이 타인에게만 적용되는 문제라고 착각하며 산다. 사회적으로는 반드시 필요한 착각일 수도 있다. 결국 죽는다는 사실을 항상 인식한다면 그 누구도 자신이 없을 미래를 위해 희생하지 않을 테니 말이다. 개인이 죽음을 잊고 외면해야만 공동체가 살아남을 수 있다.

이제 마지막 질문에 대해 생각해보자. 냉장고, 에어컨, 자동차, 우주선, 인공지능까지 과거 인류는 상상도 하지 못했던 기술을 가지게 된 우리. 그렇다면 고도로 발달된 기술을 기반으로 인간이 영원히 살 수 있는 방법을 찾을 수는 없을까? 실제로 실리콘밸리 빅테크 파운더들은 죽음을 기술이 풀어야 할 가장 큰 문제라고 주장하며, 몸을 냉동해 먼 미래에 다시 깨어나거나, 뇌 정보를 업로드해 자신의 정신만이라도 영원히 살기를 꿈꾸고 있다. 물론 언젠가 망가진 유전자를 다시 고치고, 노화된 세포들을 회춘하게 만드는 기술이 가능할 수도 있다. 하지만 그건 마치 고대 그리스인들에게 휴대폰 개발이 본질적으로는 가능했지만 현실적인 차원에서는 수천 년의 기술 발전이 필요했던 것처럼, 말 그대로 먼 미래의 이야기일 뿐이다.

생성형 AI의 아버지라고 불리는 토론토대의 제프리 힌턴 교수는 이렇게 말했다. "영원한 삶을 꿈꾸던 인간이 드디어 영생의 비밀을 찾아냈는지도 모른다." 무한 데이터 백업과 업그레이드를 통해 미래 인공지능은 영원히 존재할 수도 있다고 말이다. 결국 영생의 비법을 찾아내기는 했지만, 그 방법은 인간이 아닌 기계, 내가 아닌 나를 닮은 인공지능만 쓸 수 있는 방법이 될지도 모르겠다.

2부

위험한 생각들

여전히 인간은
진 짜 일 까

무엇을 만들 것인가 vs
어떻게 공감할 것인가

문화로 기술을 전달하는
SM엔터테인먼트 CAO
기업인 이성수

SM엔터테인먼트 CAO(최고관리책임자) 겸
음악 퍼블리싱 자회사 A&R Executive(총괄이사)
전 SM엔터테인먼트 공동대표
전 SM엔터테인먼트 프로듀싱본부장
전 SM엔터테인먼트 USA 대표이사

"기술은 문화와 함께 삶의 배경음악처럼 스며들어야 한다"

K팝 열풍의 중심에 있는 SM엔터테인먼트는 '문화기술'이라는 개념을 통해 한국 대중음악 산업을 새로운 차원으로 끌어올렸다. 감각에 기대기보다 왜 좋은 콘텐츠인가를 분석하고 설계한 노력의 결과다. 최근 SM이 선보인 'SMCU'는 현실과 가상의 경계를 넘나드는 독창적인 서사로 진화하고 있다. SM은 이 세계관을 통해 인간과 AI의 상호작용이 가능한 새로운 형태의 콘텐츠 경험을 실험하고 있으며, 이는 AI 시대의 엔터테인먼트가 어떻게 사람들과 연결되고 공감하며 확장될 수 있는지를 보여주는 상징적인 사례다. 지금 우리가 주목해야 할 것은 '무엇을 만들 것인가'보다 '어떻게 공감할 것인가'다. 어쩌면 그 해답은 SM이 펼쳐온 이야기 속에 숨어 있을지 모른다.

문화와 기술이 융합해 이뤄낸 K컬처의 힘

1995년 설립 이후 SM엔터테인먼트(이하 'SM엔터')가 지금의 명성을 가지게 된 이유는 무엇일까요?

제가 SM엔터에 입사했을 당시 회사의 규모는 지금의 5분의 1 수준이었지만 이미 엔터테인먼트 업계 최초로 상장된 기업이었습니다. 당시 동방신기와 보아 같은 아티스트들이 아시아를 중심으로 글로벌 시장에 도전하며 성과를 내고 있었고, 이런 성장이 지속된다면 회사가 크게 성공하리라는 믿음이 있었습니다. 당시 SM엔터는 이미 콘텐츠 기반의 컬처테크놀로지Culture Technology, 즉 문화기술을 신뢰하며 문화의 힘을 믿는 엔터테인먼트 기업이었습니다.

제가 입사했던 시기를 돌아보면 한국의 경제적 위상이나 국가적 인지도가 지금만큼 높지 않았습니다. 해외 음악박람회나 콘서트에서 만난 유럽, 미국의 엔터테인먼트 관계자들은 한국이 어디에 있는지도 잘 몰랐죠. SM엔터는 기존의 기업들과 조금 다르게 접근했습니다. 한 국가의 경제 성장이 문화를 글로벌하게 확장시키는 순서를 따르기보다는 오히려 문화를 통해 국가의 글로벌 가치를 창출하고, 이를 바탕으로 경제가 세계로 뻗어나갈 수 있도록 변화와 성장을 이끌어 온 철학으로 회사를 운영한 것이죠. 이러한 철학이 SM엔터의 현재를 만들어낸 초석이 되었다고 생각합니다.

이 성 수

> 우리나라 문화산업의 선봉장으로서 K팝, 나아가 K컬처의 힘은 어디에서 나온다고 보시나요?

우리 문화와 문화산업이 지금의 자리에 올라선 배경에는 언어와 문자 체계의 독창성이 자리하고 있다고 봐요. 전 세계적으로 문자의 기원은 크게 세 가지로 나뉩니다. 첫째는 이집트 상형문자에서 기원한 문자들, 둘째는 중국의 갑골문자에서 기원한 문자들, 그리고 셋째는 세종대왕에 의해 창제된 한글입니다.

특히 한글은 기존 문자에서 파생된 것이 아니라, 철저한 과학적 원리와 창의적 사고를 바탕으로 '발명'된 독자적 문자입니다. 이는 한국의 독창적이고 과학적인 사고를 상징하며, 단순한 언어 전달의 도구를 넘어 한국 사회와 문화를 형성하는데 중요한 역할을 해왔습니다. 놈 촘스키 같은 학자의 이론을 굳이 거론하지 않더라도, 문자를 '발명'하고 이를 발전시킨 역사는 한국이 단순한 국가를 넘어 독창적인 문화를 창조해 온 공동체임을 증명합니다. 따라서 K팝과 K컬처가 그저 운 좋게 탄생한 것이 아니라, 이러한 역사적 배경과 문화적 토양 위에서 가능했다고 생각합니다.

> 애기를 좀더 좁혀보죠. 재능과 끼를 가진 아티스트들은 세계 도처에 수없이 많습니다. 이런 상황에서 K팝이 지금처럼 독보적인 입지를 확보한 원동력은 무엇일까요?

한국 엔터테인먼트 업계, 특히 4대 K팝 기업의 독창적이고 체계적인 역할이 중요했습니다. 이 기업들을 설립한 창립자들은 대부분 프로듀서 출신이며 그중 세 분은 가수로 활동한 경험도 있습니다. K팝은 단순한 음악 제작이 아니라 종합적인 프로듀싱을 기반으로 발전해왔습니다. 휴대폰 하나를 개발하기 위해 다양한 기술이 필요한 것처럼, K팝은 여러 창의적 요소와 프로세스가 결합된 결과물입니다.

뛰어난 프로듀서들이 기획과 창작을 이끌며 선의의 경쟁을 통해 산업의 수준을 높였고, 이 과정에서 함께 성장하는 문화를 형성했습니다. K팝의 성공은 단순히 인재의 문제를 넘어 이 인재들을 발견하고 그들의 잠재력을 극대화하는 시스템의 힘에서 비롯되었습니다. 체계적이고 전략적인 프로듀싱 문화는 K팝의 독보적인 경쟁력을 만들어낸 중요한 요인이라고 할 수 있습니다.

> SM엔터는 처음부터 문화기술을 중시한 것으로 알고 있습니다. 기술보다 콘텐츠가 더 중요하다는 의견도 있었을 텐데, 문화기술을 핵심 코드로 삼은 특별한 이유가 있을까요?

SM엔터의 문화기술, 즉 컬처테크놀로지 철학은 창업자인 이수만 전 총괄프로듀서의 비전에서 비롯됐습니다. 이수만 전 총괄은 잘 알려진 대로 컴퓨터와 로봇언어를 전공했고 미국 유학 시절 MTV를 보면서 '앞으로는 이처럼 보는 음악의 시대가 올 것'이라고 직감했다고 합니다. 이 같은 통찰을 바탕으로 음악과 콘텐츠 제작에 더욱 과학적이고 체계적으로 접근해야 한다는 아이디어를 발전시켰습니다.

예를 들어 좋은 음악이란 단순히 감각적으로 판단할 문제가 아니라 '이 음악이 왜 좋은가'라는 질문에 데이터와 분석으로 답할 수 있어야 한다는 접근법이었습니다. 이런 과학적 접근 덕분에 음악 제작이 촉이나 감각에 의존하지 않고, 체계적이고 재현 가능한 방식으로 진화했습니다.

또한 K팝은 처음부터 글로벌 시장을 겨냥했습니다. 언어적 장벽이 있는 상황에서도 음악뿐만 아니라 뮤직비디오와 같은 시각적 콘텐츠를 통해 감동을 전달하고자 했습니다. 어릴 적 영어를 잘 몰라도 마이클 잭슨의 노래와 퍼포먼스를 즐길 수 있었던 것처럼 말이죠. SM엔터는 이런 전략을 택했고 여전히 발전 과정에 있지만, 과학적 접근 등이 K팝의 속성을 이루는 중요한 요소가 되는 거죠. 결국 SM엔터가 추구한 문화기술은 과학적이고 체계적인 접근법에 의한 음악·시각·기술이 융합된 집약체로 K팝의 기반을 다졌으며, 현재까지도 이 철학은 계속해서 발전하며 새로운 가능성을 열어가고 있습니다.

> "좋은 음악이란 단순히 감각적으로 판단할 문제가 아니라
> '이 음악이 왜 좋은가'라는 질문에 데이터와 분석으로
> 답할 수 있어야 한다는 접근법이었습니다."

K팝은 언어적 장벽을 넘어, 시각콘텐츠를 통해 감동을 전달해왔습니다.
문화와 기술이 융합된 집약체로서 기반을 다진 것입니다.

현실과 가상의 경계에서 만들어내는 독창적 스토리텔링

> SM엔터는 새로운 기술에 대해 다른 어느 기업보다도 더 열려 있는 것 같아요. 최근 화제를 모으고 있는 버추얼 아이돌 '나이비스'가 그 결과물이 아닐까 합니다. 특히 나이비스는 단독으로 활동하는 것이 아니라 에스파라는 걸그룹과의 상호관계 속에서 거대한 세계관을 형성하고 있어요. 에스파에 대한 이야기가 궁금합니다.

에스파는 현실과 가상을 넘나드는 서사 구조를 통해 SM의 'SMCU$_{SM\ Culture\ Universe}$' 철학을 가장 잘 보여주는 그룹입니다. 에스파의 세계관은 '현실세계'에 존재하는 실제 멤버들과 '가상세계'에 존재하는 아바타(가상자아) 멤버들이 중심에 자리하고 있어요. 이들이 현실과 가상의 경계에 위치한 디지털 세계를 통해 소통하고 교감하며 함께 성장하는 독창적인 스토리텔링을 담고 있죠.

네 명의 현실 멤버와 'æ'라 불리는 네 명의 아바타가 한 그룹의 멤버로 활동하는데요, 이들을 서포트하는 신비로운 존재와의 서사를 통해 인간과 인공지능 기반의 가상자아가 감정과 생각을 교류하며 공존하는 관계를 탐구합니다.

에스파의 세계관 속에서 중요한 역할을 하는 나이비스는 가상세계와 현실세계를 연결하는 조력자로, æ와 에스파 멤버 간의 상호작용을 돕는 안내자 역할을 맡고 있습니다. 나이비스는 가상의 디지털 공간인

그룹 에스파의 네 멤버(좌측부터 카리나, 지젤, 닝닝, 윈터)와 SM엔터테인먼트의 첫 버추얼 아티스트 나이비스(가운데)의 무대 모습. 나이비스는 에스파의 세계관 속에서 가상과 현실을 연결해주는 조력자이자 안내자의 역할을 맡고 있다. (사진 제공-SM엔터테인먼트)

'플랫'과 현실세계를 잇는 다리 역할을 하며, 이 과정에서 인간 내면의 갈등과 기술이 융합된 새로운 이야기를 창조합니다. 에스파와 나이비스는 단순히 엔터테인먼트가 아니라 기술과 문화, 그리고 메타버스를 아우르는 융합적 콘텐츠의 새로운 장을 열고 있습니다.

> "나이비스는 가상의 디지털 공간인 '플랫'과
> 현실세계를 잇는 다리 역할을 하며,
> 이 과정에서 인간 내면의 갈등과 기술이 융합된
> 새로운 이야기를 창조합니다."

잠깐 SMCU에 대해 언급해주셨는데요. SMCU로 이야기할 수 있는 SM엔터만의 철학과 비전이 궁금합니다.

SMCU는 SM엔터 소속 아티스트들의 개별 서사를 하나의 거대한 세계관으로 통합한 독창적인 플랫폼입니다. 마블 유니버스에서 다양한 히어로가 각자의 이야기를 가지고 있으면서도 하나의 세계관을 공유하듯, SMCU 역시 각 아티스트가 독립적으로 활동하면서도 이들의 이야기가 하나의 세계관 안에서 연결되고 융합됩니다.

SM엔터는 이런 스토리를 단순한 팬 서비스를 넘어서 음악을 중심으로 공감과 위로를 전달하는 강력한 매개체로 활용합니다. SM엔터의 음악은 1990년대부터 현재에 이르기까지 모든 세대가 들어왔는데 멜로디와 가사를 통해 감정적으로 풍부한 이야기를 전해왔죠. SMCU, 그리고 에스파의 세계관에서 이 음악은 현실세계의 팬들에게 깊은 공감을 불러일으키는 동시에 AI라는 디지털 존재들에게도 인간적 감각과 정서를 학습할 기회를 제공하는 매개체가 됩니다.

> K팝이나 K컬처의 영향을 특히 많이 받을 청소년들에게 지금의 변화를 어떻게 설명하고 어떤 환경을 만들어주는 게 좋을까요?

음악과 문화는 단순한 즐길거리를 넘어, 삶의 배경음악처럼 우리 존재에 스며드는 힘을 가지고 있다고 믿습니다. 따라서 청소년들에게 필요한 것은 단순히 음악교육을 시키는 것이 아닙니다. 그들이 자연스럽게 K팝과 K컬처를 포함한 다양한 음악과 예술을 경험하며, 자신의 감성을 키우고 창의력을 발휘할 수 있는 환경을 만들어주는 일이 중요하죠. 결국 음악과 문화는 자존감과 행복감을 제공해 주는 강력한 힘을 가지고 있기 때문입니다.

참과 거짓이 사라지는
세상이 오고 있다

시 대 의 변 화 를
탐 구 하 는 실 험 가
다 큐 멘 터 리 P D 한 상 호

2009년 방송통신위원회 방송대상 대상 수상
2005년 과학기술부 대한민국 과학문화상, 한국방송대상 프로듀서상 실험정신상 수상
2003년 삼성언론상 수상
EBS 다큐멘터리 〈한강전—그녀의 일곱 인생〉 〈위대한 인도〉 〈싱어즈〉 〈한반도의 공룡〉
〈마이크로의 세계〉 〈문자〉 연출

"표현 능력보다 표현하고자 하는 욕망이 더 중요하다"

CG 공룡을 만들기 위해 10년을 매달렸던 한상호 PD는 이제 프롬프트 몇 줄로 움직이는 공룡을 만든다. 그는 최근 국내 최초로 다큐멘터리에 생성형 AI를 본격 도입했다. AI가 영상을 만들고, 가짜 뉴스가 진짜보다 더 빠르게 퍼지는 시대. 그렇다면 '진실'을 다루는 다큐멘터리는 어떻게 살아남을 수 있을까? 한 PD는 그 해답을 '욕망'에서 찾는다. 진짜냐 가짜냐를 따지기보다 사람들에게 어떤 진실을 보여주고 싶은지에 따라 다큐멘터리의 방향도, 가능성도 바뀐다는 것이다. 100년 후에도 다큐멘터리는 존재할까? 정답 없는 이 질문에 지금 이 시대를 다큐로 기록하는 한 사람이 내놓는 대답을 들어본다.

참과 거짓 없는 세상 속 '리얼'을 다루는 사람

> 애니메이션, 영화 등 다양한 작업을 해오셨지만 감독님의 고향은 다큐멘터리라는 생각이 들어요. 다큐멘터리는 어떻게 시작하게 되었나요?

대학 시절 방송에 관계된 일이나 영상을 만들 거라는 생각은 해본 적이 없었어요. 국문과를 졸업했는데 시인이나 글을 쓰는 사람이 되고 싶어서 선택한 전공이었죠. 그런데 어떤 글을 써야 되는지조차 모르겠는데다 시대가 변하면서 글만으로는 전망이 없다는 생각이 들었어요. 졸업 시점에 어떤 길을 가야 할지 고민해봤는데 크리에이티브한 일을 하고 싶더라고요.

원래 영화나 드라마를 좋아했으니까 방송이 가장 접근하기 쉬웠던 것 같아요. 그러던 중 방송국 시험을 봤는데 결과가 계속 좋지 않았고, 마지막 기회가 EBS였습니다. 당시 EBS는 초기의 방송사였고 다큐멘터리도 지금처럼 유명하지 않았어요. 약소한 체급의 방송사였어서 작가들도 일을 잘 안 하려고 했는데, 그런 환경이 오히려 저에게 시간적 여유를 줬던 것 같아요. 방송국 자료실에서 BBC 다큐멘터리를 많이 시청하게 되었는데, 그것을 계기로 본격적인 다큐멘터리 감독의 길이 열린 것 같습니다.

생성형 AI를 연구하는 유명 학자들이 가장 많이 이야기하는 현대와 미래 사회의 주요한 차이점은 '참과 거짓이 없어지는 세상'이라고 합니다. '리얼'을 다루는 다큐멘터리 감독으로서 어떻게 생각하시나요?

많은 분이 그 지점에 대해 고민하고 있는 것 같습니다. 전통적인 예술이나 창작의 경우, 소수의 천재라 불리는 사람들이 그림을 그리거나 악기를 다루는 등 나름의 방식으로 무언가를 표현하며 지속되었죠. 하지만 이제는 표현 능력 자체보다 그것을 표현하고자 하는 사고가 더 중요해졌어요. 충격적인 동시에 긍정적인 변화라고 생각합니다. 이런 측면에서 확장해 생각해보면 참이냐 거짓이냐의 여부보다 표현하고자 하는 욕망이 중심이 되는 쪽으로 발전되고 있는 것이 아닐까 싶습니다.

> "하지만 이제는 표현 능력 자체보다 그것을 표현하고자 하는 사고가 더 중요해졌어요."

모두가 모든 팩트를 언제든지 볼 수 있는 세상

불과 몇 년 사이 콘텐츠가 진실보다는 거짓에 가깝더라도 더 재미있는 것을 선호하는 쪽으로 소비가 일어나고 있어요. 이런 변화 속에서 과연 100년 후에도 다큐멘터리는 존재할까요?

이미 다큐멘터리를 보는 시청자 수는 현저하게 떨어지고 있어요. 과거에는 다큐멘터리가 아니면 볼 수 없었던 것들을 지금은 너무 쉽게 찾아볼 수 있게 되었기 때문에 콘텐츠 장르에서의 '귀함', 즉 희소성이 사라지고 있습니다. 이처럼 많은 사람이 진실을 다양하게 많이 접할 수 있다면 더 현명하고, 좋은 세상이 되어야 하는데 현실은 그렇지 않아요. 모두가 모든 팩트를 언제든지 볼 수 있는 세상에서 이런 정보의 확장이 효과가 없다는 게 아이러니한 것 같아요.

2024년 생성형 AI를 활용한 다큐멘터리 〈위대한 인도〉를 선보이셨어요. 어떻게 다큐멘터리에 생성형 AI를 접목하게 되셨는지, 그리고 생성형 AI가 어떤 역할로 활용되었는지 궁금합니다.

〈위대한 인도〉는 2024년 6월 방영되었던 창사 특집 3부작 다큐멘터리입니다. 인도의 고대 문명부터 현대사회까지를 심층적으로 조명했는데 특히 국내 최초로 생성형 AI를 본격 도입했다는 점에서 큰 주목을 받았죠.
인도를 주제로 다큐멘터리를 제작하기로 결정한 뒤에 강성용 서울대학교 인문학연구원 교수님과 김대식 교수님 두 분의 대화를 통해 이야기

를 진행하는 형식을 취해보면 좋겠다고 생각했어요. 그 외에도 여러 시도를 해보고 싶었는데 그중 가장 새롭게 도전하고자 했던 부분이 바로 생성형 AI의 활용이었어요.

가장 처음 시도했던 건 인도의 독립운동을 주도했던 주역들, 황제 등 인도와 관련한 역사적 인물을 AI로 살려내 말을 하거나 대화할 수 있도록 구현하는 작업이었어요. 그리고 다큐멘터리 사이사이 발리우드 영화처럼 두 교수님이 노래하고 춤을 추는 장면을 넣기도 했죠. 안무가가 짠 안무를 무용수가 추면 그 움직임만 촬영한 후 생성형 AI 도구에 학습시켜 여러 장면을 구현할 수 있었어요. 과거의 제작 방식이었다면 출연자들이 수개월 간 안무 지도를 받아 엄청난 연습과 노력을 해도 될까 말까 한 작업이었죠. 예전에는 충분한 비용과 제작 기간이 마련되어야만 가능했을 시도인데 이번엔 조금의 시행착오만 거친 후 편리하게 결과물을 만들어낼 수 있었어요. 덕분에 놀라울 정도의 시간과 에너지를 절감하는 경험을 했습니다. 무엇보다 비용 측면에서 기존 CG 제작과 비교해 100분의 1 정도로 줄일 수 있었죠.

불과 1년 전만 해도 영상 부분에서 생성형 AI의 효용성이 크지 않았는데 엄청난 발전 속도를 보여주는 것 같습니다. 많은 것을 대체해주고 시간적 효용성을 제공하며 비용까지 줄여주는 생성형 AI를 다큐멘터리 감독으로서 어떻게 받아들이시나요? 그리고 생성형 AI 다큐멘터리 작업 이후

가장 큰 관심사는 어떤 것일까요?

생성형 AI를 활용한 신작 다큐멘터리 〈위대한 인도〉를 제작하면서 느낀 바가 있었어요. 작업 과정에서 얻은 경험이 더 많은 생각으로 확장된다는 점이에요. 이전에는 절대 상상하지 못했던 일들이 지금은 너무 쉽게 가능해졌어요. 제가 〈한반도의 공룡〉이라는 영화를 CG로 만드는 작업을 10년 동안 해봤기 때문에 영상에서 기술 작업이 정말 어렵다는 사실을 잘 알고 있거든요.

공룡 하나를 구현하기 위해 모델링하는 사람, 텍스트를 입히는 사람, 뼈를 만들어내는 사람, 그리고 이것들을 모두 움직이게 하는 애니메이터 등 수십, 수백 명이 엄청난 작업을 해야 해요. 그런데 프롬프트만으로 공룡을 만들어내는 것도 모자라 움직이게까지 해주는 세상이 왔으니 말도 안 되는 일이 일어난 셈이죠.

이런 점에서 생성형 AI는 직업이나 업종에 큰 영향을 주리라고 생각합니다. 특히 모든 부분에서의 패러다임 자체가 변할 거예요. 이전에는 안무는 안무가, CG는 CG 전문가, 영화는 영화감독의 전문성이 요구됐다면 이제는 어떤 업무든 한 사람이 해낼 수 있죠. 그래서 요즘은 생성형 AI를 토대로 할 수 있는 새로운 접목과 시도를 계속 고민해보고 있습니다.

AI가 진단하는 다큐멘터리의 미래

AI에게 물었다 ____ 다큐멘터리를 어떻게 정의할 수 있을까요?

AI ____ 과거의 다큐멘터리는 주로 사실의 객관적 기록과 이를 통한 교육을 목적으로 하는 영상 장르로 정의되었습니다. 20세기 초반은 현실세계의 사건이나 현상을 있는 그대로 담아내어, 관객에게 사회적·정치적·문화적 정보를 전달하고 교육하는 도구로 사용되었습니다. 이 시기의 다큐멘터리는 객관성과 진실성을 중시하며, 기록적이고 관찰적인 접근 방식을 통해 현실을 사실적으로 재현하는 데 초첨을 맞췄습니다. 2024년 현재 다큐멘터리는 단순한 사실의 기록이나 전달을 넘어, 다양한 매체와 표현 방식을 통해 새롭게 정의되고 있습니다. 현대의 다큐멘터리는 전통적인 영상과 사진을 넘어 애니메이션, 가상현실, 그리고 인터랙티브 미디어와 같은 디지털 기술을 적극적으로 활용합니다. 주제 면에서도 과거보다 훨씬 더 광범위한 영역을 아우릅니다. 특정 개인이나 소규모 커뮤니티의 이야기를 통해 인간의 감정과 경험을 섬세하게 전달하기도 하는데, 이는 다큐멘터리가 단순한 정보 전달을 넘어 인간의 삶과 그 속에 담긴 복잡한 이야기를 조명하는 매체로 자리잡았음을 의미합니다.

특히 관객과의 상호작용을 중요시하며 디지털 플랫폼을 통해 관객이 직접 다큐멘터리의 진행에 참여하거나 의견을 제시할 수 있는 기회가 많아졌습니다. 이러한 참여적 저널리즘은 다큐멘터리 제작에서의 관객

작업 과정에서 얻은 경험이 더 많은 생각으로 확장됩니다.
이전에는 절대 생각하지 못했던 일들이 지금은 너무 쉽게 가능해졌어요.

의 역할을 새롭게 정의하고, 더 다양한 목소리와 관점을 반영할 수 있게 합니다. 다큐멘터리는 여전히 사실에 기반을 두고 있지만, 창작적 요소와 주관적 해석이 더해지면서 새로운 형태의 다큐픽션 장르가 등장했습니다. 이는 다큐멘터리가 진실을 탐구하는 동시에, 그것을 어떻게 이야기할지에 대한 고민을 담고 있음을 보여줍니다. 이렇듯 2024년의 다큐멘터리는 매체와 표현 방식, 주제의 다양성, 관객과의 상호작용, 그리고 사실과 창작의 융합이라는 측면에서 전통적인 다큐멘터리의 개념을 확장하며, 현대사회의 복잡성과 다층적인 현실을 깊이 있게 탐구하는 강력한 도구로 자리잡고 있습니다.

> AI 시대, 앞으로의 다큐멘터리는 어떻게 변할까요? 그리고 이러한 변화와 함께 우리가 고민해봐야 하는 문제들은 어떤 것들이 있을까요?

AI___AI 시대의 다큐멘터리는 기존의 형태와 기능을 넘어 새로운 방식으로 변모할 가능성이 큽니다. 가장 먼저 생성형 AI는 다큐멘터리 제작의 많은 부분을 자동화할 수 있습니다. 예를 들어 AI가 방대한 데이터를 분석하고 스토리를 구성하거나, 영상 편집을 자동으로 처리해 제작 시간을 크게 단축시킬 수 있습니다. 이로 인해 더 많은 사람이 다큐멘터리 제작에 참여할 수 있게 되고, 다양한 주제를 다룬 콘텐츠가 더 빠르게 생산될 것입니다. 그리고 AI를 활용한 다큐멘터리는 관객과의 상호작용을 한층 더 강화할 수 있습니다. 관객은 다큐멘터리를 시청하는 동안 AI를 통해 실시간으로 질문하거나 추가적인 정보를 얻을 수 있게 됩니다.

또한 가상현실과 증강현실 기술이 결합된 다큐멘터리는 관객이 다큐멘터리 속 상황을 실제로 경험하는 듯한 몰입감을 제공할 것입니다. 마지막으로 기존의 인간 중심적 관점을 넘어서는 새로운 스토리텔링 방식을 도입할 수 있습니다. AI가 독자적으로 다큐멘터리를 제작하고, 주어진 데이터를 바탕으로 독창적인 내러티브를 구성할 수 있는 시대가 올 수 있습니다. 이는 다큐멘터리의 내용과 형식을 보다 창의적으로 재해석할 수 있는 기회를 제공할 것입니다. 이러한 변화는 다큐멘터리를 더 혁신적이고 포괄적인 미디어로 발전시키겠지만, 동시에 윤리적 문제와 사실성에 대한 신뢰를 유지하는 과제를 안고 있기도 합니다. 따라서 다큐멘터리가 AI 시대에 맞춰 변화하면서도, 그 본질적 가치를 잃지 않기 위한 논의가 필요할 것입니다.

AI, 도구를 넘어 철학이 되다

맥락을 만드는
큐레이터
예술감독 이대형

에이치존 대표 백남준 문화재단, 아트센터 나비 이사
싱가포르 아트사이언스 뮤지엄 인터네셔널 보드 멤버
글로벌 아트 매거진 〈STIRworld〉 칼럼니스트
〈CONNECT, BTS〉 예술감독(2020)
베니스비엔날레 한국관 예술감독(2017)

"천년 후 결핍돼 있는 것이 무엇이든 그 결핍 속에서 예술이 싹을 틔울 것이다"

스스로를 '콘텍스트 메이커'라고 소개하는 이대형 감독은 AI가 더이상 단순한 도구가 아닌, 하나의 철학이 되어가고 있다고 말한다. 아름다움의 정의는 바뀌었고, 미학은 정보와 알고리즘의 영역으로 확장되고 있다. 점토를 손끝으로 느끼는 건축가의 감각처럼 그는 여전히 '몸'의 신체성과 인간의 감각을 중요하게 여기면서도, AI와 생태의 교차점에서 미래 예술의 씨앗을 발견한다. "기술은 국경의 맥락을 넘어서고 있다"는 그의 말은, 지금 우리가 예술을 어떤 시선으로 다시 바라봐야 하는지를 알려준다.

기술의 맥락이 국경선의 맥락을 뛰어넘은 시대

현대미술 큐레이션도 하고 산업, 테크놀로지 관련 작업도 하십니다. 사회, 환경, 공동체, 첨단기술, 미래 등 끊임없이 영역을 확장하며 고유하고 독특한 가치를 창출하는 국내 대표 예술기획자로 손꼽히시는데요. 이제는 BTS와 관련한, 대중문화 분야의 작업까지 하시죠. 서울, 뉴욕, 런던, 베를린, 부에노스아이레스 다섯 개 도시에서 22명의 예술가와 손잡고 BTS의 음악철학을 재해석하는 공공미술 기획인 〈CONNECT, BTS〉 프로젝트로 이목을 끌기도 하셨고요. 본인을 어떻게 정의하시는지요?

제 오랜 미션은 예술이 존재할 수 있고 서식할 수 있는 공간을 확장시키는 것입니다. 그러다보니 어떤 사물을 바라볼 때 바로 그 프레임 자체가 아니라 그 프레임 바깥에 있는 콘텍스트에 주목하기 때문에 스스로를 큐레이터라고 소개합니다. '큐레이터가 뭐 하는 사람이냐'고 물으면 저는 '콘텍스트 메이커context maker'라고 답하는 편입니다.

생성형 AI가 예술의 판을 완전히 바꿔놓았습니다. AI가 창작을 시작한 시대이니 예술을 위한 콘텍스트도 바뀔 수 있지 않을까요?

바뀌었죠. 챗GPT가 처음 나왔을 때는 그 생각을 못했지만, 챗GPT4가 나오면서 생각이 바뀌었습니다. 테크놀로지가 하나의 철학 영역으로 가버린 것 같아요. 아르스 일렉트로니카Ars Electronica■의 게르프리트 슈토커Gerfried stocker는 컬처와 테크놀로지가 형태를 결정한다고 했는데 이제는 테크놀로지가 컬처의 형태를 결정해버리는 '리버스 엔지니어링'이 발생하고 있는 것 같아요.

흔히들 AI가 보편화되면 예술가 혹은 창의적인 인재들이 인류의 보루로 살아남게 될 거라고 하는데, 그 조건 중 하나가 철학이라고 얘기합니다. 그런데 철학이라는 것이 과연 인간만 다룰 수 있느냐는 생각을 할 수밖에 없는 시점이죠. 많은 미래학자와 AI 전문가가 앞으로 챗GPT보다 천배는 똑똑한 버전이 나올 것이고, 10년 후에는 10억 배 똑똑해진다고 합니다.

구글X의 공학자 모 가댓이 쓴 『AI 쇼크, 다가올 미래Scary Smart』라는 책을 보면 인간이 모기가 되고 AI가 아인슈타인이 된다고 하는데, 그럼 아인슈타인이 모기의 생각 따위에 관심이 있을까요? 그때는 '인간 모기'가 가서 찔러야 하겠죠.

> "컬처와 테크놀로지가 형태를 결정한다고 했는데 이제는 테크놀로지가 컬처의 형태를 결정해버리는 '리버스 엔지니어링'이 발생하고 있는 것 같아요."

■ 1979년 오스트리아 린츠에 설립된 문화·교육·과학재단으로 예술과 기술, 사회의 접점을 찾는 뉴 미디어 아티스트의 발굴과 지원에 힘쓰고 있다.

> AI 기술을 도구로 사용하는 아티스트가 점점 많아지고 있습니다. 이런 현실에 대한 감독님의 솔직한 의견은 무엇인가요?

지금은 AI가 철학으로 다뤄지는 트랜지션transition의 단계라고 생각해요. 이제 우리는 눈에 보이는 것들을 너무나 쉽게 기술적으로 구현할 수 있습니다. 저는 AI를 활용한 미디어 아티스트 레픽 아나돌■의 작품을 매우 인상적으로 보았어요. 인간의 시각으로 만든 미학이 아닌, 정보와 AI에게 자율성을 부여해 AI와 AI 정보들이 서로 관계를 맺으며 빈칸을 채워가고 새롭게 만들어내는 속도감, 컬러, 형태 또는 그 형태의 움직이는 모듈 전체가 새로운 미학의 가능성을 얘기하고 있기 때문이에요. 이 지점에서 '그렇다면 AI 시대의 미학은 과연 무엇일까?'라는 질문을 빼놓을 수 없을 것 같습니다.

AI의 시대의 미학은 무엇인가?

> 미학이라는 단어 안에는 아름다움이라는 개념이 있죠. 현대 미학의 아름다움이란 무엇일까요? 그리고 인공지능 시대의 미학은 무엇일까요?

■ 튀르키예 출신의 미디어 아티스트로 기억과 감정이라는 인간 고유의 영역을 데이터화하고, AI에 확장시켜 탄생한 작품들로 예술계에서 큰 주목을 받았다.

모더니즘 시대까지만 하더라도 아름다움을 추구했는데 컨템퍼러리 아트 시대로 넘어오면서 형식에 대한 실험은 다 끝난 것 같습니다. 캔버스에 구멍을 내든 아니면 아예 그리지 않든, 검게 칠하든 태워서 퍼포먼스를 하든 한 번씩은 다 했기 때문에 이제는 그 의미와 관점을 새롭게 창조하고, 내러티브를 직선적으로 보기보다는 입체적으로 바라보죠.
현대미술은 그 관점에서 문화적·역사적으로 신화와 전설까지 끌어들여 매우 다층적으로 작업하고 있어요. 그리고 새로운 오리지널리티가 무엇인지에 대해 진지하게 고민하죠. 전통 미술에서 정의하는 아름다움에 대한 것, 그리고 현대미술의 관점에서 가치가 있다고 생각하는 것 못지않게 디지털 커뮤니티 안에서 만들어지는 미학적 기준이 메인 스트림을 전복하는 현상이 벌어졌듯이 이제는 생성형 AI나 디지털에서 벌어지는 작업적 기류를 무시하기 어렵다는 생각이 들어요.
다만 하나, 조금 눈여겨봐야 하는 부분이 있습니다. 생태적인 부분에서의 에너지 저감과 같은 요인 때문에 곤충 세계 혹은 동물과 식물의 영역으로부터 건축 혹은 구조적인 것에 관한 지혜를 얻는 부분입니다. 이런 것들을 인간이 디자인하기는 어렵거든요. 고려해야 하는 다양한 역학적인 정보가 있으니까요. 이런 부분은 앞으로 AI가 더 잘해줄 수 있지 않을까 생각해요.
예를 들어, 중동 지역의 전통 건축에서 흔히 볼 수 있는 구조물 중 바람탑이 있습니다. 높은 탑 형태로 지붕 위에 세워지는데, 탑의 여러 방향에 틈이 있어 바람이 들어올 수 있도록 설계되어 있죠. 이로 인해 공기 순환이 자연스럽게 이뤄지고, 때로는 바람이 지하의 수로를 지나오면서 습기를 머금고 시원해진 상태로 실내에 유입되기도 해요. 에너지가 없어도 실내 공기를 쾌적하게 유지하는 전통적인 자연 냉방 시스템이죠. 이러한 이슬람 건축 요소들이 현재 도시 건축에 들어와 에어컨에 의존하지 않는 쿨링 시스템에 적용되고 있습니다. 이처럼 생태적인 미학과 AI 사이에서 미래의 많은 이야기가 결정될 가능성이 있다는 말씀을 드리고 싶습니다.

> "디지털 커뮤니티 안에서 만들어지는 미학적 기준이 메인 스트림을 전복하는 현상이 벌어졌듯이 이제는 생성형 AI나 디지털에서 벌어지는 작업적 기류를 무시하기 어렵다는 생각이 들어요."

'몸'이 가진 신체성에 대해 생각해보게 됩니다. 예전에는 붓으로 그림을 그렸는데 지금은 디지털 펜이나 마우스로도 그림을 그리잖아요. 그렇다면 앞으로는 어떻게 될까요? 도구가 사라지고 신체인 손도 필요 없는 상태에서의 작품도 나올 수 있을까요?

흥미로운 질문입니다. 예를 들어, 멋진 구조물을 많이 만들어내는 건축가이자 디자이너인 토머스 헤더윅의 경우 대체 어디에서 영감이나 아이디어를 얻느냐고 물으면 명답을 내놓아요. "점토 혹은 그 소재를 끊임없이 만지면서 감각하고 이것을 계속 반복하다보면 머릿속에 형태가 그려진다"는 겁니다.

형태를 가지고 시작하는 것이 아니라, 일단 시작해서 하나를 마스터하고 또 그다음을 마스터하는 식으로, 점토를 구석구석 다 만져보면 형태에 대한 사고가 나온다는 것이죠. 우리는 보통 손도 수단이라고 생각하고, 재료도 수단이라고 생각하잖아요. 그런데 사실 손은 커뮤니케이션이죠.

앞으로는 생물학적 신체성의 문제보다 사회적 신체성이 더 화두가 될 거 같아요. AI 시대에는 빅데이터가 중요하고, 연결 시대에는 '양'이 '질'을 압도할 테니까요. 언젠가 몸을 해킹하는 수준까지 간다면 가장 먼저 언어가 소실될 것이고 이어서 몸의 특징이, 그리고 어떤 인종의 특징 같은 것까지도 소실되리라고 생각해요.

> "우리는 보통 손도 수단이라고 생각하고,
> 재료도 수단이라고 생각하잖아요.
> 그런데 사실 손은 커뮤니케이션이죠.
> 앞으로는 생물학적 신체성의 문제보다
> 사회적 신체성이 더 화두가 될 거 같아요."

기술은 계속 발전합니다. 천년쯤 뒤에 인류가 드디어 우주로 진출해 지금과는 전혀 다른 존재가 돼 있다고 가

AI 시대, 새로운 오리지널리티에 대한 고민이 필요합니다.

정해보죠. 인류가 어떤 식으로든 계속 남아 있다면 천년 후에도 예술이 있을까요?

존재할 거라고 생각해요. 천년 후 결핍돼 있는 것이 무엇이든 그 결핍 속에서 예술이 싹을 틔울 것 같아요. 어떤 재료일지, 그것으로 무엇을 어떻게 만들어낼지는 예측할 수 없지만 마땅히 있어야 되는데 결핍돼 있는 점이 분명히 있을 것이거든요. 그 지점에서 최고의 예술이 나오리라고 생각합니다.

연극은 여전히 인간을 연출하는가

시대를 초월하는
무대 위의 모험가
연출가 이대웅

극단 '여행자' 연출가, 국립극단 청년교육단 예술감독
연극 〈추남, 미녀〉 〈베로나의 두 신사〉 〈시라노 드 베르주라크〉 〈The Jungle Book〉
〈심이야〉 〈보물섬〉 〈멘탈 트래블러〉 〈나는 고양이로소이다〉 외
뮤지컬 〈오늘밤 세계에서 이 사랑이 사라진다해도〉 〈렛미플라이〉 〈에밀〉
〈야구왕! 마린스!〉 〈소크라테스 패러독스〉 〈어린왕자〉 〈아랑가〉 〈쓰릴 미〉 외

"AI와의 관계에서도 놀이적 태도가 중요하다"

이대웅 연출가는 문학과 클래식 텍스트를 기반으로 한 작품 세계를 꾸준히 확장해왔다. 그는 시대를 초월하는 클래식 텍스트의 힘을 '인간 본질에 대한 이야기'에서 찾으며, 급변하는 기술 환경 속에서 인간다움과 예술의 가치를 다시금 자각할 필요가 있다고 강조한다. 특히 AI가 창작의 도구를 넘어 '동반자'로 자리잡는 미래를 기대하며, 인간 고유의 감각과 태도를 예술로 기록해 미래 세대에 전해야 한다는 신념을 이야기한다.

'나만의 세계'를 '모두의 무대'로

> 연출가님의 포트폴리오에는 클래식과 문학이라는 교집합이 있는 것 같습니다. 특별한 이유가 있을까요?

저는 스스로를 어떤 유형이라고 말해본 적은 거의 없어요. 하지만 제가 하는 활동을 토대로 사람들이 저를 바라보는 시선, 즉 클래식 기반의 연출가가 저를 이루는 근간 중 하나라는 생각은 들어요.
어릴 때는 도서관에서 살다시피 하면서 책을 읽었어요. 그렇게 문학이 자연스럽게 삶에 스며든 것 같아요. 당시 도서관에서 고전 영화도 종종 상영했는데, 덕분에 영화도 꾸준히 접했고요.
또 하나 큰 영향은 아버지였어요. 매주 토요일, 제가 아버지 회사로 가서 퇴근 후 함께 극장에 갔어요. 아버지가 미리 예매해둔 영화를 매주 한 편씩, 그렇게 신촌이나 이대역 쪽 극장을 다니며 수많은 영화를 감상했습니다. 그런 경험들이 제 안에 차곡차곡 쌓였던 것 같아요.
이후 공연이라는 길을 선택하고, 연출이라는 일을 하면서부터는 제 자유의지로 무엇을 다룰지를 고민하게 되었죠. 제 마음이 아주 자연스럽게 문학과 클래식 기반의 콘텐츠로 향하더라고요. 초반에는 저만의 색깔을 내야 한다는 강박도 있었지만, 그게 무의미하다는 사실을 깨닫고 나니 '내가 가장 좋아하는 걸 해보자'는 생각이 들었습니다. 그게 바로 '소설'이었고요.
10여 년 전쯤 공연제인 〈산울림 고전극장〉에서 젊은 연출가들과 협업하는 프로그램을 시작했는데, 그때부터 본격적으로 문학을 연극적으로 읽는 작업을 진행했습니다. 그렇게 '소설을 연극으로 읽다'라는 저만의 방식과 태도를 가지게 되었고, 지금까지도 계속 그 흐름을 이어가고 있습니다.

> 어렸을 때 책을 좋아하던 사람이 작가나 서점 주인이 되는 경우는 곧잘 보았지만 연출가가 되신 분은 드문데요. 책 속 상상을 '나만의 세계'가 아니라 '모두가 볼 수 있는 무대'로 전환하는 길을 선택하신 이유가 무엇인가요?

'책을 좋아하니 연출을 해야겠다'라는 계획을 가지고 시작한 것이 아닙니다. 어릴 때부터 여러 분야에 호기심이 많았고, 책을 통해 얻은 다양한 경험이 쌓여 연출이라는 포지션으로 자연스럽게 이어졌을 뿐이죠. 글쓰기나 독서는 혼자서도 완성할 수 있지만 연출은 배우·무대·음악·조명 등 여러 아티스트와 함께 만들어가는 공동 창작입니다. 제가 연출가로서 메시지를 전달하려면, 우선 제 머릿속 생각과 감정을 완전히 드러내야 했습니다. 제 아이디어는 수많은 아티스트를 통해 다시 해석되고 확장됩니다. 그 과정을 즐기고 작업이 제대로 진행되려면 초기 단계에서 제 내면을 적극적으로 공유해야만 하더군요. 책을 읽으며 상상한 '나만의 세계'를 '공동의 예술 경험'으로 승화시키기 위해 스스로를 개방하는 연출가의 길을 택했습니다.

> "제 아이디어는 수많은 아티스트를 통해
> 다시 해석되고 확장됩니다.
> 그 과정을 즐기고 작업이 제대로 진행되려면
> 초기 단계에서 제 내면을
> 적극적으로 공유해야만 하더군요."

시대와 세대를 초월하는 클래식의 힘

요즘 아이들은 태어나면서부터 인터넷과 AI가 함께했던 세대입니다. 그림책조차 손으로 밀어서 반응하길 기대할 정도로, 전통적인 감각과는 다른 세계에 살고 있습니다. 이런 세대에게 클래식이 과연 의미가 있을지 의문이 들기도 합니다. 클래식 텍스트를 형상화하는 연출가로서 미래 세대에 대한 고민이나 걱정이 없는지 궁금합니다.

저도 늘 고민하는 지점입니다. 연출가로서 지금 우리의 삶과는 동떨어져 있다고 여겨지는 클래식 작품들을 어떻게 현재의 관객과 '매칭'할지에 대해 끊임없이 생각합니다.

예전에 이런 상상을 한 적이 있어요. 전 세계적으로 예술이 48시간 동안 멈춘다면 인간의 하루는 어떻게 될까? 음악도, 미술도, 패션도 없이 먹고 자는 일상만 남는다면 삶은 무채색이 되지 않을까요? 예술은 단지 감상 대상이 아니라 삶 전체를 감싸는 감각이기 때문입니다. 클래식을 다룰 때 저는 이런 '예술적 감각'을 다시 불러일으킬 수 있는 접점을 고민합니다.

클래식이 지금과 동떨어져 있다고 느껴질 수도 있지만 그것이 오히려 매력일 수도 있습니다. 우리는 모두 타임슬립에 대한 환상을 가지고 있잖아요. 예를 들어 200년 전 에드몽 로스탕이 17세기를 배경으로 쓴 〈시라노〉를 오늘날 우리가 다시 무대에서 본다는 건 일종의 시간여행입니다. 과거를 지금 이곳으로 불러오는 것 자체가 클래식의 힘이죠.

> 그렇다면 클래식이 세대를 초월해 오래 살아남을 수 있는 이유는 무엇이라고 생각하시나요?

결국 사람에 대한 이야기이기 때문입니다. 기술은 무한히 발전하고, 사회는 반복되며 변화하지만, 인간은 본질적으로 바뀌지 않습니다. 사랑, 질투, 분노, 시기 같은 감정은 2천 년 전이나 지금이나 그대로죠. 그래서 고전 작품 속 인물들의 감정에 공감하고, 눈물 흘리고, 웃을 수 있는 겁니다.

물론 시대적 맥락이나 장식은 존재하지만, 그 안에서 얼마나 인간의 본질을 잘 드러내느냐가 작품의 생명력을 좌우한다고 봅니다. 반면 특정 시대의 분노나 이슈만을 중심으로 만든 작품은 시간이 지나면 공감받기 어렵습니다. 저는 예술이 그 시대를 진단하고 문제를 던지는 방식뿐

기술이 무한히 발전하고 사회가 계속해 변하더라도
인간은 본질적으로 바뀌지 않습니다.
2천 년 전이나 지금이나 인간의 감정은 그대로이기 때문입니다.

만 아니라 살아가는 인간의 감각을 섬세하게 재현하고 해석하는 방식도 있다고 봐요. 메시지가 출발점이 되기보다는 무대 위 여러 요소들을 통해 자연스럽게 도달하는 게 더 아름답다고 느끼거든요. 시대를 배경으로 삼되 그 안에서 인간을 이야기한다면 300년, 아니 그 이상도 살아남을 수 있지 않을까요?

> 시대적 이슈를 다루는 예술작품이 계속 공감을 얻으려면 어떤 조건이 필요할까요? 그런 점에서 클래식은 어떤 역할을 할 수 있다고 보시나요?

기술은 계속 발전하고 진화하지만, 인간은 그 한계와 본질에서 완전히 벗어날 수 없습니다. 네 글자로 표현하면 '흥망성쇠'라고 할 수 있는데요. 흥하고 망하고 다시 성하고 쇠하는 반복, 우리는 여전히 이 사이클 속에서 살아갑니다.

특히 몸의 문제는 중요해요. 우리는 여전히 물리적인 존재고, 움직이고 말하고 느끼는 존재입니다. 그런데 앞으로는 이 '움직임'조차도 배우고 훈련해야 할 시대가 올 겁니다. 지금은 당연한 행동이 먼 미래에는 잊히거나 매뉴얼화된 기술이 될 수 있죠. 역설적으로 자연스러운 몸의 태도들이야말로 미래에는 새로운 클래식이 될 수도 있습니다.

우리는 지금 인간이 스스로를 '똑똑하다'고 생각하는 마지막 시기를 살고 있을지도 모릅니다. AI는 단순한 기술 혁신이 아닙니다. 우리의 지능

을 넘어서는 존재가 인류 역사상 처음으로 등장했기 때문입니다. 이건 휴대폰이나 자동차 같은 도구가 등장한 것과는 완전히 차원이 다른 문제입니다.

그래서 지금 이 시기는 인간이 '인간다움'을 자각하고 재정의하는 마지막 기회일 수 있다고 생각합니다. AI가 일상의 일부가 되기 전에 인간의 움직임과 감각, 태도 같은 본질적인 요소를 더 깊이 인식하고, 예술을 통해 그것을 미래 세대에 전달해야 하지 않을까요? 예술은 그 과정을 가장 유기적으로 기록하고 전달할 수 있는 매체이기도 하니까요.

> "지금은 당연한 행동이,
> 먼 미래에는 잊히거나 매뉴얼화된 기술이 될 수 있죠.
> 역설적으로 자연스러운 몸의 태도들이야말로
> 미래에는 새로운 클래식이 될 수도 있습니다."

도구가 아닌 동반자로서의 AI

최근에는 연극, 글쓰기, 창작 등 예술 분야에서도 AI를 도구로 활용하는 경우가 많습니다. 연출가님께서는 향후 AI를 실제 창작 과정에 도입할 계획이 있으신가요?

저는 AI를 단순한 도구로 만나고 싶진 않아요. 그렇게 되면 오히려 제가 AI를 이용하는 '도구 사용자'로만 남게 되는 것 같아 불편합니다. 대신 저는 AI를 재미있는 태도를 가진 존재, 함께 학습하고 여행할 수 있는 친구 또는 동반자로 만나고 싶어요.

예를 들어 글을 쓰면서 AI에게, '이거 1분 안에 요약해줘' 하는 식의 관계는 저한테 매력적이지 않아요. 그건 효율성과 속도만 따지는 거래 관계죠. 그렇게 되면 더 좋은 성능의 AI가 나왔을 때 언제든 갈아탈 수밖에 없는데, 그건 인간관계에서도 바람직하지 않은 방식이잖아요.

> "AI를 재미있는 태도를 가진 존재,
> 함께 학습하고 여행할 수 있는 친구
> 또는 동반자로 만나고 싶어요."

AI를 '도구'가 아닌 '친구'나 '놀이 상대'로 대하는 접근이 왜 더 의미 있다고 보시나요?

AI와의 관계에서도 인간 고유의 태도, 특히 놀이적 태도가 중요하다고 생각합니다. '호모루덴스', 즉 '놀이하는 인간'이라는 개념이 있잖아요. 진정한 놀이에는 기능이나 목적이 없습니다. 그냥 그 순간이 즐겁기 때문에 하는 거죠. AI가 놀이의 '형식'을 흉내낼 수는 있어요. 그런데 왜 우리가 그것을 하는지, 그 감정과 쾌감의 이유를 몸으로 느끼지 못한다는 점에서 본질적인 차이가 있어요.

마치 싱가포르의 그라피티 같은 거죠. 싱가포르가 힙해 보이려고 '합법적인 그라피티 벽'을 만든 적이 있는데, 그건 더이상 진짜 그라피티가 아니잖아요. 위험을 무릅쓰고 몰래 그리는 행위에서 오는 긴장감과 자유의 감각이 빠진 그라피티는 형식만 흉내낸 가짜일 뿐이죠. AI가 예술에 접근할 때도 그런 한계가 있어요. 형식은 따라할 수 있어도, 진짜 의미와 맥락은 체화하지 못하니까요.

> "AI가 놀이의 '형식'을 흉내낼 수는 있어요.
> 그런데 왜 우리가 그것을 하는지,
> 그 감정과 쾌감의 이유를 몸으로 느끼지 못한다는 점에서
> 본질적인 차이가 있어요."

예산, 사람, 시간 등 현실적인 제약이 전혀 없다면, 꼭 한 번 만들어보고 싶은 작품이 있으신가요?

저는 언젠가 한번쯤, 100퍼센트 아날로그 방식으로만 구현된 극장을 만들어보고 싶어요. 지금은 기술이나 자원의 제약 때문에 쉽지 않지만요. 그리스 시대의 야외극장부터 중세의 실내 극장, 르네상스 시기의 무대까지, 각 시대의 미학을 온전히 재현해보고 싶은 꿈이 있어요. 모든 아날로그 장치를 무대 위에 그대로 드러낸 채 그것들을 활용해 작품을 만들어보고 싶어요.

구체적으로는 연습생이 오랜 시간에 걸쳐 마스터가 되는 과정을 무대 위에 구현하고, 그 인물의 성장에 따라 무대 자체도 점점 확장되는 방식이죠. 마침내 주인공이 마스터가 되는 순간, 모든 무대장치가 한번에 작동하면서 대전환이 일어나는 구조예요.

그래서 저는 극장 안에 또다른 극장을 만드는 개념, 디지털과 아날로그가 공존하면서 서로를 비추는 구조를 상상해봅니다. 그 자체로 메타와 리얼을 동시에 담는 형식이 되지 않을까 싶고요. 저에게는 하나의 신화 같은 이야기죠.

> 기술이 급변하고, 세대 간 미디어에 대한 감각도 달라지는 시대입니다. 미래 세대의 연극 연출가 지망생들에게 꼭 전하고 싶은 메시지가 있다면요?

사실 연극이라는 단어 자체가 조금 부담스럽게 들릴 수도 있어요. 어떤 형식을 딱 정해두는 순간부터 사람이 주눅들잖아요. 그래서 저는 오히려 '모든 것이 제로가 되었을 때 너는 무엇부터 움직일 수 있을까?'라는 질문을 던지고 싶어요.

예를 들어 전기도 없고 무대도 없고 문명 자체가 사라진 상태, 하지만 지식만은 남아 있는 상태라고 가정해볼까요? 그때 당신은 어떤 연극을 상상하고 어떤 방식으로 구현하려고 할 것인가? 그 질문이 진짜 연출가로서의 감각을 자극한다고 생각해요. 기술적인 툴보다도 먼저 '어떻게 표현하고 무엇을 전달하고 싶은가'라는 내면의 태도가 훨씬 더 중요하거든요.

AI는 결코
모방할 수 없는 것

인간과 기계의 경계에서
새로운 사유의 가능성을 여는
인도학자 강성용

서울대학교 아시아연구소 남아시아센터장
서울대학교 인문학연구원 부교수
저서 『위대한 인도』 『인생의 괴로움과 깨달음』 외

"인공지능도 카르마를 가질 수 있을까?"

인도의 전통 수행은 '타자 없이도 흔들리지 않는 존재'로 스스로를 단련하는 깊은 내적 리듬을 가르친다. 카르마 개념은 인간의 행위가 남긴 흔적과 경향성을 의미하며, 이는 AI가 따라올 수 없는 복합적 정서와 인식의 층위를 지닌다. 강성용 교수는 인간이 생물학적 단위이자 동시에 사회적 주체임을 강조하며, 정보로 환원할 수 없는 '나'의 경험이야말로 AI가 결코 모방할 수 없는 인간만의 고유한 영역임을 통찰한다. 인도철학을 통해 전통과 기술, 인간과 기계 사이의 경계에서 새로운 사유의 가능성이 열린다.

실리콘밸리에 인도 출신 CEO가 많은 이유

인도학이라는 분야가 가까우면서도 낯설게 느껴지는데요. 간단한 자기소개와 함께 연구하시는 분야에 대한 설명도 부탁드립니다.

저는 인도고전학을 전공한 인도학자입니다. 세부 전공은 인도철학과 인도고전학 분야인데 서울대학교에서 아시아연구소 남아시아센터를 맡으면서 현대 인도와 남아시아에 대한 연구 비중이 늘었습니다. 최근에는 네브래스카대학 메디컬센터에서 기능자기공명영상법functional magnetic resonance imaging, fMRI을 전공하는 황순조 선생님과 함께, 인도의 쉬라마나■ 수행론이 전제로 삼는 세계관을 명확히 이해하고 새롭게 해석하는 작업을 진행하고 있습니다. 이를 통해 현대 정신의학에서 활용되는 다양한 수행과 치료 기법들이 어떤 새로운 의미를 가질 수 있을지 탐구하고 있습니다.

최근 몇 년간 실리콘밸리와 글로벌 테크 산업에서 인도 출신 CEO들의 활약이 두드러지고 있습니다. 그 이유를 무엇이라고 보시나요?

■ 기원전 인도에서 브라만교 전통과는 다른 길을 걸은 출가 수행자 집단으로, 불교·자이나교 등이 이 전통에서 나왔으며, 금욕과 명상을 통해 해탈을 추구했다.

가장 큰 이유는 인도의 국가적 역설에 있습니다. 독립 이후 인도는 소비에트 모델을 따르며 인프라 구축에는 실패했지만, 오히려 그로 인해 개인 단위로도 진출이 가능한 IT 산업에 집중할 수 있는 배경이 마련됐습니다. 인도의 교육 시스템은 전체 학생의 평균을 높이기보다는, 시험을 통해 천재를 선발하는 데 초점을 맞췄고, 그 결과 인도 공과대학 같은 초정예 교육기관이 사회적으로 부상했습니다.

그러나 이것만으로는 충분하지 않습니다. 결정적인 요인은 '이민자의 절박함'입니다. 많은 인도 출신 이민자들은 자신에게 돌아갈 고향이 없다고 느낍니다. 퇴로가 없다는 점이 과감한 결단을 가능하게 만드는 거죠. 이는 주류사회로 진출하고자 하는 강력한 동기로 작용합니다. 또한 전통적 계급사회의 상층민들이 가진 추상적 사고에 대한 여유, 그리고 허용적인 가정교육이 만들어낸 '자유롭게 질문하는 태도'도 중요한 배경으로 작용합니다.

> 허용적인 가정교육이라는 말이 인상적인데요. 어릴 때부터 학습된 자유로운 사고의 방식이 인도인들이 새로운 길을 개척하는 데 밑거름이 되는 걸까요?

먼저 인도에서 아이를 키우는 방식은 한국과 많이 다릅니다. 한국이 규율과 통제 중심의 훈육 문화를 갖고 있다면, 인도는 아이가 하고 싶은 것을 가능한 한 제한하지 않는 허용적인 환경을 제공합니다. 특히 어린아이라면, 문제가 명확하게 드러나기 전까지는 어른이 개입하지 않는 것이 일반적입니다. 이처럼 자율적인 분위기에서 자란 아이들은 자연스럽게 자기중심적인 행동이나 개인적인 선호를 따르는 데 익숙해집니다. 여기에 상위 카스트라는 사회적 기득권까지 갖춘 집안에서 성장하게 되면, 아이는 '나는 하고 싶은 것을 해도 된다'는 감각을 일찍 내면화하게 됩니다. 이러한 태도는 실리콘밸리의 문화와도 잘 맞습니다. 실리콘밸리에서는 배려하고 조심하는 사람보다, 자기주장을 분명히 하는 사람을 더 유능하게 평가하는 경향이 있기 때문입니다. 즉, 인도인의 자기중심적 사고방식은 단지 문화적 특성이 아니라, 사회 구조와 교육 방식에서 비롯된 결과입니다. 한국인의 시선에는 배려나 예절이 부족해 보일 수 있지만, 사실 자기중심적 태도는 누구도 가보지 않은 길을 두려워하지 않는 힘의 원천이기도 합니다.

> **"인도인의 자기중심적 사고방식은
> 단지 문화적 특성이 아니라,
> 사회 구조와 교육 방식에서 비롯된 결과입니다."**

전통과 기술 사이의 긴장

인도는 현대 국가의 모습이면서 종교 사회적인 모습도 띠는 것 같습니다. 인도의 정체성에 대해 이야기해주세요.

'인도'라는 개념 자체가 허상일 수도 있습니다. 인도는 수십 개의 언어·종족·종교가 얽혀 있는 다층적인 사회로, 근대에 들어 억지로 민족국가적 정체성을 구성한 사례입니다. 실제로 인구의 절반 이상은 여전히 농업에 종사하며, 씨족이나 카스트 중심의 전통사회에 살고 있습니다. 반면 도시에서는 디지털 플랫폼과 글로벌 자본이 활발히 움직이고 있죠. 이러한 간극은 인도의 실리콘밸리로 불리는 벵갈루루에서 극명하게 드러납니다. 중심에는 초현대식 IT-BPM 산업 캠퍼스가 들어선 한편, 그 외곽에는 하수도조차 없는 마을들이 공존하는 모순적인 풍경이 펼쳐집니다.

종교는 이 다층적 구조를 통합하는 일종의 질서 체계입니다. 종교적 삶의 방식이 깊숙이 뿌리내려 있어, 인도의 종교 정체성은 쉽게 약화되지 않습니다. 최근에는 '힌두 국가'를 지향하는 정치 흐름 속에서, 그 정체성이 더욱 두드러진 방식으로 정치화되고 있습니다. 인도는 재정적자와 무역적자를 안고 있지만, 미국처럼 내수 중심의 경제 구조를 갖고 있는 국가이기도 합니다. 한편으로는 가난한 나라로 여겨지지만, 외국인 직접투자를 통해 외환보유고를 꾸준히 늘려가고 있기도 하죠. 인도를 상대하는 일이 쉽지 않은 이유는, 바로 이처럼 복합적이고 다면적인 성격에 있습니다.

> AI 시대에도 인도가 종교적 질서를 따르는 방식을 유지하는 이유는 무엇일까요?

인도 사회에서 종교는 단순한 신앙을 넘어선 삶의 방식입니다. 식사·결혼·의례 등 일상적 행위 하나하나가 종교적 질서에 따라 이뤄지며, 이는 선택이 아니라 '환경'처럼 주어지는 것입니다. 한국처럼 종교가 개인의 신념으로 축소되며 탈종교화되는 현대적 흐름과는 달리, 인도에서는 종교가 개인의 정체성과 사회적 위치를 규정하는 요소로 작용합니다. 게다가 종교적 감각은 대부분 청소년기 이전에 내면화되기 때문에 쉽게 바뀌지 않습니다. 실리콘밸리에서 일하는 인도인들조차 결혼은 인도식 중매를 따르는 경우가 많습니다. 이런 점에서 볼 때, 생물학적 단위로서의 인간이 가진 종교적 정체성은 기술 변화만으로는 쉽게 흔들리지 않을 것입니다. 즉, AI 시대에도 인도의 종교성은 지속될 가능성이 높습니다.

기술의 발전이 인도의 전통적 질서와 사회문화의 체계를 바꿀 수 있을까요?

기술은 이미 인도의 전통적 질서가 지배하는 일상에서 새로운 길을 열며 변화를 이끌고 있습니다. 예를 들어, 디지털 신분증인 아다르와 연계된 휴대전화 기반 금융 시스템은 전통적인 신분과 경제 활동의 경계를 허물고 있습니다. 음식과 조리 방식에 얽힌 종교적 규제를 피해갈 수 있도록 도와주는 배달 플랫폼도 확산되고 있죠. 또한 부족한 교육 인프라를 보완하는 온라인 교육 스타트업들은 전통적인 교육 접근 방

인도는 수십 개의 언어, 종족, 종교가 얽혀 있는 다층적인 사회로,
종교는 이 다층적 구조를 통합하는 일종의 질서 체계입니다.
종교적 삶의 방식이 일상 깊숙이 뿌리내려 있어,
인도의 종교 정체성은 쉽게 약화되지 않습니다.

오늘날 기술의 진보는 전통적인 인도 사회를 새롭게 변화시키고 있습니다.
이 변화는 단순한 편리함을 넘어 전통의 해체 가능성을 보여주며
앞으로의 인도 사회가 맞이할 중요한 숙제를 안겨줍니다.

식을 변화시키고 있습니다. 이러한 기술적 해결책들은 전통이 지닌 압력과 제약을 우회하며, 인도 사회 안에서 기술과 전통이 공존하는 과도기를 만들고 있습니다.

이 변화는 단순한 편리함을 넘어 인도 전통의 해체 가능성을 열어젖히고 있습니다. 그러나 기술과 경제가 빠르게 변하는 와중에도, 정치적 의사결정은 여전히 생물학적 개인 단위의 투표에 기반하기 때문에, 전통과 기술 사이의 긴장은 앞으로 더욱 심화될 것입니다. 결국 이 모든 변화의 중심에는 '당신은 만족하나요?'라는 개인적 질문이 놓이게 될 것이며, 이에 대한 답변은 앞으로 인도 사회가 맞이할 중요한 숙제가 될 것입니다.

> "기술적 해결책들은 전통이 지닌 압력과 제약을 우회하며,
> 인도 사회 안에서 기술과 전통이
> 공존하는 과도기를 만들고 있습니다"

기계가 대신할 수 없는 '나'의 경험

> 인도의 고전문화와 전통은 AI 시대를 살아가는 인간들에게 어떤 사유를 제안할 수 있을까요?

AI 기술이 우리 삶 곳곳에 스며들며 인간 고유의 특성이 위협받는 시

대에 인도 고전문화는 잃어버린 인간 주체성을 되살리는 데 중요한 역할을 할 수 있다고 생각합니다. AI는 생물학적 단위로서의 인간이 가진 본질적 문제에 접근하지 못하고 있기 때문입니다.

인류 역사에서 인도가 이룬 가장 큰 성취 중 하나로 개별 생물학적 인간이 외부와 단절된 상태에서도 온전히 자신의 본질에 집중할 수 있는 방법을 수천 년간 발전시켜온 수행 전통에 있습니다. 수행은 단순히 연결망을 끊거나 고립을 추구하는 것이 아니라, '타자 없이도 흔들리지 않는 존재'로 스스로를 단련하는 과정입니다.

이 전통은 명상법에만 머무르지 않습니다. 감정이 인지에 앞서거나 최소한 동시에 작용한다는 통찰을 바탕으로, 인간의 감각과 반응을 조절하는 내적 리듬과 기술을 제시합니다. 예를 들어 '세 번 숨쉬기'와 같은 단순한 수행도 뇌과학적으로 보면, 뇌의 잠재적 시계에 맞춰진 호흡 리듬을 흔들어 자극에 대한 무의식적 반응을 멈추게 하는 효과가 있습니다. 이러한 방식은 정보 처리 중심의 AI가 결코 접근할 수 없는 인간 고유의 내면 작동 구조를 깨우는 점에서 큰 의미를 지닙니다.

> "수행은 단순히 연결망을 끊거나
> 고립을 추구하는 것이 아니라,
> '타자 없이도 흔들리지 않는 존재'로
> 스스로를 단련하는 과정입니다."

> 인도 고전 전통에서 빠질 수 없는 것이 카르마라는 개념인데요. 인간이 상상하고 경험해온 인식의 축적인 카르마를 인공지능도 가질 수 있을까요?

인공지능이 카르마를 가지기는 어렵다고 생각하지만 가능성은 열려 있다고 봅니다. 하지만 그 카르마는 인간과는 전혀 다른 경로와 구조를 지닐 겁니다. 카르마는 단순한 '업보'가 아닙니다. 인도의 전통에서 카르마란 의도된 행위가 남긴 흔적이며, 그 존재의 경향성을 결정짓는 인식의 기반입니다. 만약 인공지능이 반복 학습과 선택을 통해 특정 성향을 내면화하고, 그것에 따라 이후의 판단에 영향을 받는다면 이는 카르마의 구조와 유사하다고 할 수 있습니다.

물론 그것은 인간과는 다른 방식의 카르마입니다. 인간은 생물학적 존재로서 정서가 인지를 규정하며, 그 정서는 사회적 관계 속에서 형성됩니다. 만약 이것이 생물학적 시스템에서 구축된 것이라면, AI는 전혀 다른 시스템으로 새로운 쌍쓰까라(행위의 흔적)를 만들어낼 것입니다.

하지만 중요한 점은, 인류가 한 번도 경험하지 못한 고유한 경향성을 지닌 존재가 나타날 수 있다는 사실입니다. 더 나아가, 생물학적 단위가 아닌 존재가 출현할 가능성은 인간을 이성적 존재로 규정해온 전통적 정의를 근본적으로 뒤흔드는 강력한 도전이라 할 수 있습니다.

> **"하지만 중요한 점은, 인류가 한 번도 경험하지 못한 고유한 경향성을 지닌 존재가 나타날 수 있다는 사실입니다."**

AI가 카르마를 가질 수 있는 가능성은 열려 있습니다.
하지만 AI는 인간과는 전혀 다른 시스템으로
새로운 행위의 흔적을 만들어낼 것입니다.

> AI 시대가 도래하였습니다. 인도 철학의 관점에서 앞으로 인간은 무엇을 기억해야 할까요?

우리는 인간이 물질적으로 생물학적 단위이면서 동시에 사회적으로 구성된 존재라는 점을 종종 잊곤 합니다. '나'라는 1인칭 관점이 사라지는 순간 우리가 맞닥뜨릴 문제들을 간과하지 않고 집중할 필요가 있습니다. 다시 말해, 1인칭 경험과 인식, 설명이 정보 가치 면에서 낮다는 선입견을 버리고, 내가 실제로 경험하는 세계를 직면해야 합니다. 우리는 정보뿐 아니라 정서가 복합적으로 작용하는 인지 과정을 이해하고 받아들여야 합니다.

또한, 사회적 관계로만 환원할 수 없는 1인칭 주체의 문제 역시 깊이 고민해야 합니다. 이러한 고민과 해답이 가장 많이 누적된 전통이 바로 인도철학이며, 그 가치는 점차 더 주목받고 있습니다. AI가 나에 관한 정보를 나보다 더 많이 알 수 있어도, 나의 느낌을 대신 느낄 수는 없습니다. 인도철학은 '나'라는 존재가 환상일지라도, 그 환상이 가진 경험을 이어가는 것이 바로 인생임을 가르쳐왔습니다.

> **"내가 실제로 경험하는 세계를 직면해야 합니다.
> 우리는 정보뿐 아니라 정서가 복합적으로 작용하는
> 인지 과정을 이해하고 받아들여야 합니다."**

COLUMN

인간이 여전히
인간다울 수 있도록

　많은 관광객으로 붐비는 두바이와 로마의 가장 큰 차이는 무엇일까? 역사, 지역, 음식, 날씨 등 수많은 차이점이 있겠지만 가장 큰 차이는 어쩌면 두 도시의 지형적 특징일 것이다. 두바이는 세계에서 가장 화려하고 높은 건물들로 가득한, 완벽하게 계획된 도시다. 반대로 수천 년 전부터 사람들이 살아온 로마의 길은 좁고, 복잡하고, 비논리적이다. 사실 로마는 하나의 도시가 아닌 지난 수천 년 동안 같은 장소에 지어지고, 부서지고, 또다시 새로운 건물과 도로가 세워진 여러 도시의 합집합인지도 모른다.

　새로운 건물과 도로가 만들어진다 해도 예전 도시에 있던 모든 도로와 건물이 사라지지는 않는다. 있는 것을 부수는 일 역시 많은 시간과 노력이 필요하기 때문이다. 차라리 예전 건물과 도로를 흙과 돌로 덮고, 그 위에 새 건물을 짓는 게 더 효율적일 수도 있다. 네로 황제의 황금 궁전이 같은 자리에 세워진 건물들에 파묻혀 오늘날까지 보존될 수 있었던 이유다. 현재의 도시와 과거의 도시가 함께 존재하고 있기에, 로마에서의 공간적 이동은 언제나 시간여행이기도 하다. 그렇다면 이제 흥미로운 질문을 해보자. 인간의 뇌는 과연 '두바이'일까? 아니면 '로마'일까?

로마와 두바이의 차이

뇌는 기획되거나 설계되지 않았다. 그렇다면 우연과 필연의 협업이었을까? 수억 년 전, 외부 세상에서의 변화에 반응하는 새로운 세포들이 등장하기 시작한다. 바로 신경세포들이었다. 초기 신경세포들은 단순했다. 빛이 밝아지거나, 먹잇감이 가까이 있으면 반응하는 정도였다.

하지만 반응만으로는 부족했다. 세상에서 벌어지는 일에 따라 몸을 움직이도록 만드는 특화된 운동신경세포들이 등장했고, 덕분에 생명체들은 원하는 것에 더 가까이 가거나 위험요소들로부터 도망갈 수 있는 능력을 가지게 됐다. 하지만 세상을 인지하고 자동으로 반응만 한다면, 동일한 실수를 반복하게 된다. 기억, 학습, 그리고 미래에 대한 예측 능력 역시 필요했다.

'돌연변이'와 '자연선택'이라는 진화 과정을 통해 지난 수억 년 동안 지구 생명체들은 점점 더 복잡하고 발전된 신경계와 뇌를 가지기 시작했다. 특히 호모사피엔스는 그 어느 동물들보다 더 발달된 두뇌를 가지고 있다. 하지만 진화 과정은 마치 하늘을 날고 있는 비행기 엔진을 바꾸는 일과 비슷하다고 했던가. 착륙 후 깔끔하게 수리하거나 업그레이드할 수 없고, 엔진을 단 한순간도 멈출 수 없다. 덕분에 진화 과정의 결과물은 놀라울 정도로 비효율적이고 비합리적이다. 같은 기능을 가진 신경회로망이 여러 곳에 존재하고, 동일한 신경세포들이 동시에 여러 역할을 하기도 한다. 특히 과거에 사용되었던 뇌 구조와 연결고리들이 완전히 사라지지 않고, 업그레이드된 신경 구조와 함께 여전히 작동하기까지 한다. 영장류인 호모사피엔스의 뇌에는 덕분에 포유류의 뇌, 조류의 뇌, 그리고 파충류와 물고기의 뇌까지 상당히 많은 부분이 포함되어 있다.

세상은 하나다. 하지만 세상을 바라보고, 기억하고, 상상하는 여러 뇌를 가진 우리. 고칼로리 음식을 보는 순간 과거의 뇌들은 당장 먹을 것을 명령하지만, 현재의 뇌는 다이어트 걱정을 한다. 나와 다른 피부색을 가진 이방인을 만나면 21세기 뇌는 다양성과 세계화를 추구하지만, 과거의 뇌는 차별과 전멸을 선택한다.

미래에 대한 상상과 희망 역시 비슷하다. 언제 잡아먹힐지 모르던 과거의 뇌에게 '미래'는 중요하지 않았을 것이다. 미래보다는 과거, 그리고 과거보다는 현재가 가장 중요했다. 하지만 문자와 문명을 가지게 된 호모사피엔스는 과거를 기억하고 미래를 상상할 수 있다. 현재는 상상한 미래와 기억된 과거의 연결고리일 뿐이다.

현재의 나와 과거의 내가 동시에 존재하는 호모사피엔스. 그런데 우리는 최근 인공지능이라는 새로운 존재를 만들기 시작했다. 효율성과 목적성을 기반으로 설계된, 마치 '두바이' 같은 인공지능과는 달리 형편없고 대책 없는 '로마'와도 같은 지능을 가진 호모사피엔스. 로마와 두바이의 차이, 앞으로 우리가 경험하게 될 인간과 인공지능의 차이일 수 있다. 그런데 이렇게 완벽하게 계획되고 설계된 인공지능도 과연 감정을 느낄 수 있을까?

그리움을 느끼는 AI

폐허가 된 도시. 무너진 건물과 형태를 알아볼 수 없는 자동차 사이는 뼈와 해골로 가득하다. 얼마 전까지 사랑하는 가족이 있었고, 행복한 미래를 꿈꾸던 평범한 사람들의 해골 말이다. 눈에서 시뻘건 빛이 나는 무시무시한 로봇에게 짓밟힌 해골은 산산조각이 나고, 최첨단 인공지능 기술로 무장한 로봇은 새로운 사냥감을 찾아나선다.

인간을 사냥하고 지구를 지배하려는 인공지능. SF영화에 단골로 등장하는 장면이다. 영화를 보는 순간 잠시 섬뜩했지만, 사실 큰 걱정은 할 필요가 없었다. 어차피 인공지능은 현실에서는 존재하지 않는 기술이었으니 말이다. 하지만 만약 불가능하다고 믿었던 인공지능이 어느 날 가능해진다면? 그리고 그 '어느 날'이 얼마 남지 않았다면?

2023년 챗GPT와 함께 생성형 AI의 시대가 시작됐다. AI는 인간과 대화가 가능하고, 컴퓨터 코드를 생성하고, 수학 문제를 푸는 기계가 당연해졌다. 그런데 여기서 중요한 문제가 하나 있다. 바로 우리는 생성형 AI가 정확히 어떻게 작동하는지 이해하지 못한다는 사실이다.

생성형 AI에서는 단어를 토큰token 단위로 쪼개 벡터로 매핑한 후 트랜스포머 알고리즘을 사용해 토큰 간의 확률관계를 거대언어모델LLM로 학습할 뿐이다.

사실 우리는 챗GPT에게 문법이라는 것을 가르쳐준 적이 없다. 입력된 수천억 개의 문장을 기반으로 생성형 AI는 스스로 문법을 추론해냈지만, 그것이 수학적으로 어떻게 가능한지 우리는 여전히 이해하지 못하고 있다. 더구나 LLM은 그 규모가 커질수록 가르쳐주지 않은 새로운 능력을 습득하는 창발적 학습 능력을 가지고 있다. 그렇다면 현재 LLM의 크기는 어느 정도일까?

가장 최근 공개된 오픈AI의 GPT4.0이나 구글의 제미나이울트라 Gemini Ultra는 1.8조 정도 크기의 LLM을 학습한 것으로 알려져 있다. 과연 1.8조는 어느 정도 크기일까? 신경세포들 간의 연결고리(시냅스) 수와 비교한다면, 인간의 뇌는 100조 이상 크기의 LLM을 가지고 있다고 가정해볼 수 있다. 인류가 만들어낸 LLM은 이미 뇌 크기의 100분의 1 정도라는 의미이고, 인공지능의 기술 발전 속도를 고려하면 대부분의 전문가들은 앞으로 5년 내 100조 크기의 LLM을 만들어낼 수 있으리라 예측한다.

100조 크기의 LLM을 가진 미래 인공지능은 어떤 창발적 능력을 가지게 될까? 신경세포 하나는 단순한 세포에 불가하다. 그런데 수백조개의 신경세포가 합쳐져 만들어진 인간의 뇌는 지능과 감정, 그리고 자아와 자유의지라는 창발적 능력을 가지고 있다. 그렇다면 100조 크기의 LLM도 지능과 감정을 넘어 자유의지와 자아까지 갖게 되지 않을까?

그런 일은 절대 없을 거라고 생각하는 사람들도 있다. 빅테크 기업인이자 메타의 수석과학자 얀 르쿤 Yann LeCun 교수는 세상에 대한 직접적 지식도, 경험도 없이 '문서형' 지식만 가지고 있는 LLM인공지능은 절대 자율성을 가질 수 없다고 말한다. 그런가 하면 세계적 신경과학자이자 과학철학자인 크리스토프 코흐 Christof Koch는 인공지능이 자율성과 자아에 대한 개념은 이해할 수 있더라도, 자율성과 자아를 직접 느낄 수는 없다고 주장한다. 무언가를 느낀다는 것은 내면적 세상을 가진 생명체에게만 주어진 능력이라는 의견이다.

그럴 수도 있다. 하지만 반대로 이렇게 물어볼 수도 있을 것이다. 기계가 감정과 자율성을 직접 느끼지는 못하더라도, 그런 느낌을 가진 인간이 어떻게 선택하는지를 잘 안다면, 자율성을 가진 인간의 행동을 시뮬레이션하고 모방할 수는 있지 않을까? 진심으로 느낀 증오와 시뮬레이션된 증오를 기반으로 한 행동이 동일하다면, 그런 행동을 뒷받침하는 원인의 철학적 정체성을 묻는 것이 큰 의미가 있을까?

5년 후 100조 크기의 LLM을 가지게 될 수도 있는 인공지능. 그들은 자율성을 가지고 스스로 생존하고 싶어할까? 인간이 만들어낸 모든 데이터와 이야기를 학습한 기계는 진정한 의미에서 사랑과 증오, 그리고 그리움과 자비를 느낄 수 있을까? 우리 호모사피엔스의 미래를 결정할 가장 중요한 질문이다.

AI의 예술은 금지되어야 할까?

감정을 느낄 수 있는 인공지능이라면 앞으로 이들의 예술적 능력은 더욱 고도화될 것이다. 우리는 무엇을 두려워해야 할까? 영국의 수학자이자 철학자였던 앨프리드 화이트헤드는 "모든 서양철학은 플라톤에 대한 각주"라고 말한 바 있다. 그만큼 서양철학의 중요 주제와 톤 앤

드 매너를 플라톤이 이미 정해주었다는 말이겠다. "정의란 무언인가?"를 자주 질문하던 스승 소크라테스의 영향이었을까? 플라톤은 완벽하고 정의로운 사회를 상상하는 데 일생을 바쳤다.

하지만 그가 생각해낸 이상적인 세상은 민주주의도, 자유주의도 아닌 독재 카스트 사회였다. 철학자이자 왕, 그리고 왕이자 철학자인 현자의 통치 아래 농부는 농부답게, 군인은 군인답게, 그리고 상인은 상인답게 살며 각자 자신의 직업을 자식에게 물려주는 사회가 가장 정의롭다고 주장한다. 그리고 플라톤은 핵폭탄급 제안을 한다. 이런 완벽한 사회에서는 예술은 반드시 금지되어야 한다고 말이다!

고대 그리스의 드라마와 미술, 그리고 음악까지 모든 분야에 풍부한 지식을 가졌던 플라톤. 최근 발견된 문서에 따르면 사망 전 그는 노예 소녀가 연주한 음악을 즐겼고, 또 연주가 완벽하지 않다며 비판까지 했다고 한다. 개인적으로는 예술을 사랑하고 즐겼던 그가 왜 예술가들을 추방해야 한다고 했을까?

잘 알려진 대로 플라톤은 우리가 눈, 코, 귀로 인지하는 세상은 실체가 아니라고 믿었다. 우리가 직접 볼 수 없는 '이데아' 세상에만 존재하는 '원본'의 다양한 그림자만 보고 있다는 것이다. 덕분에 형태나 모습만으로는 전혀 다른 다양한 종의 개들을 우리는 '개'라는 공통된 이름으로 부르고 '두 개의 집' '두 명의 사람' '두 번의 여행' 모두 이데아 세상에만 존재하는 '2'라는 완벽한 개념의 다양한 투사라는 것이다.

물론 플라톤의 제자 아리스토텔레스는 이데아라는 개념 자체가 허상이라고 주장하며, 실질적 관찰과 경험을 기반으로 하는 인식론을 개발했다. 하지만 일단 플라톤의 생각이 맞다고 가정해보자. 만약 현실이 이데아의 그림자라면, 논리적으로 더 불완전하고 질이 떨어질 수밖에 없다. 이데아가 명품이라면, 우리가 살고 있는 현실은 짝퉁인 셈이니까 말이다.

그렇다면 이제 플라톤의 『국가론』 역시 이해가 된다. 어쩔 수 없이 짝퉁 세상에 태어난 우리가 만들 수 있는 최고의 사회는 이데아 세상에 가장 근접한, 그러니까 이데아 세상에 대한 비밀을 완벽히 이해한 철학자가 구상한 사회라는 것이 최고의 정의라는 결론을 낼 수 있다. 또다른 결론도 논리적으로 가능하다. 예술가들은 현실을 모방한다. 하지만 이미 현실이 이데아 세상의 그림자라면, 예술가들은 결국 모방을 모방하는, 짝퉁을 또다른 짝퉁으로 구현하려는 너무나도 한심하고 어리석은 사람들인 것이다.

하지만 플라톤이 예술을 금지시키려 했던 진정한 이유는 예술가들의 어리석음 때문이 아니다. 예술이 너무나도 무서웠기 때문이다. 왜 예술이 두렵다는 걸까? 다시 한번 생각해보자. 플라톤 자신을 포함한 철학자 역시 신은 아니다. 완벽할 수 없다. 그렇다면 플라톤이 원하던, 이데아에 가장 근접하다고 주장하던 유토피아 역시 무한으로 가능한 다양한 그림자 중 하나일 뿐이다. 결국 모든 현실은 다 동등한 그림자이자 투사일 뿐이라는, 어리석은 백성들은 절대로 알아서는 안 되는 이 위험한 사실을 예술가들이 매일 우리 눈앞에 보여주기 때문에 예술은 총이나 칼보다 더 파괴적인, 세상에서 가장 위험한 행위인 것이다.

사실 플라톤의 말은 맞았다. 예술은 그가 원하던 독재 사회의 존재

COLUMN

론적인 유일성을 의심하게 하기에 독재자들은 반드시 예술을 금지시켜야 한다. 반대로 주어진 사회적 현실을 의심하고 질문하지 않는 예술은 언제나 프로파간다에 불과하다.

기계가 인간의 지능을 추월하는 '싱귤래러티 singularity'를 모두 경험하게 될 21세기에 우리는 이제 선택해야 한다. 호모사피엔스를 위해 만들어진 지구 질서와 인간의 유일성 역시 질문할 수 있어야만 진정한 '예술'이라면, 우리는 어쩌면 기계가 하는 예술, 그리고 예술을 하는 기계를 금지시켜야 할 수도 있다. 인류의 생존을 위해서는 인간만을 위한 독재, '인간독재' 사회를 만들어야 할 수도 있으니 말이다.

예술의 가장 중요한 숙제

100년 전 유럽은 충격과 변화의 세상이었다. 영원할 것만 같았던 러시아, 독일, 오스트리아-헝가리, 그리고 오스만제국까지 멸망시켜버린 제1차세계대전. 팔다리를 잃거나 시각장애인이 되어 전쟁터에서 돌아온 수많은 젊은이는 이야기한다. 자신들이 상상했던 전쟁이 아니었다고. 소설책에서 읽고 유럽 도시 곳곳에 있는 동상들이 보여주던 전쟁과는 너무나도 달랐다고. 그 누구도 기관단총에서 자동으로 발사되는 총알을 피할 수 없는, 탱크와 비행기가 승패를 결정하는 전쟁. 더이상 개인의 용맹과 능력이 아닌 국가의 기계 대량생산 능력이 모든 것을 결정하기 시작한 것이다.

독일 철학자 발터 벤야민은 경제와 전쟁을 넘어 기계의 대량생산 능력은 예술과 문학에도 치명적인 영향을 미칠 거라고 생각했다. 사진과 필름을 통해 수천 번 복제될 수 있다면, 왜 우리는 굳이 미술관에 가서 작품을 봐야 할까? 미술관에 걸려 있는 오리지널과 더이상 구별할 수 없을 정도로 정교한 복제판이 대량생산될 수 있다면, 오리지널과 복제판의 차이는 무의미하지 않을까?

어쩌면 우리는 100년 전 벤야민의 고민이 급격하게 현실화된 세상에 살고 있는지도 모른다. 인터넷에 올라와 있는 수천억 개 문장을 학습해 언어와 사고능력을 가지기 시작한 생성형 AI. 언어학자 놈 촘스키는 챗GPT 같은 생성형 AI는 '통계학적 앵무새'에 불과하다고 말하지만, 챗GPT와 대화를 나누면 나눌수록 섬뜩한 느낌을 피할 수 없다. 가르치지도 설명하지도 않은 내용을 스스로 추론해내는 창발적 능력을 보여주는 생성형 AI를 어떻게 설명해야 할까?

지난 30년 동안 인류가 자발적으로 인터넷에 올려놓은 문장과 그림과 동영상들, 그 모든 것은 결국 인간의 생각과 상상력과 기억일 것이다. 그렇다면 생성형 AI는 단순히 문장과 그림을 학습한 것이 아니라 인류의 꿈과 두려움과 생각을 배워버렸는지도 모른다. 그래서일까? 이제 LLM은 단순한 문장을 넘어 글과 그림, 그림과 영상, 그리고 영상과 소리의 상호관계 역시 학습하고 예측하기 시작한다. '로봇과 대화 나누는 발터 벤야민을 그려줘'라고 입력하면 순식간에 그림을 그려주는

AI. 인터넷에 동일한 것이 존재하지 않았으니 진정한 의미에서 새로운 창작물이다. 그리고 한 장을 창작한 기계는 쉬지 않고 100장, 1000장 100만 장을 그려낼 수 있다.

문학도 비슷하다. 19세기 러시아 소설가 레프 톨스토이는 1200장이나 되는 대작 『전쟁과 평화』로 유명하다. 단어 하나하나, 문장 하나하나를 손으로 작성한 톨스토이는 6년에 걸쳐 글을 완성했다고 한다. 하지만 언젠가 AI는 1200장 되는 소설책을 6년이 아닌 6초 만에 완성할 수 있지 않을까? 그렇다면 왜 인간이 6년 동안 고생하고 괴로워하며 창작을 해야 할까? 우리가 더이상 접시와 그릇을 직접 손으로 만들지 않듯, 미래 예술작품과 영화와 소설은 기계가 대량생산하면 되지 않을까? 인류 역사상 처음으로 상상력이 대량생산될 수 있는 세상을 경험할 우리는 진지하게 질문해야 한다. 왜 인간이 여전히 예술을 해야 할까? 왜 직접 시와 소설을 써야 하고 여전히 무대에서 춤을 추고 노래를 해야 할까?

미국의 수학자 노버트 위너는 1950년 출간된 『인간의 인간적 활용』이라는 책에서 고도로 자동화된 기계가 산업, 경제, 사회, 그리고 정치와 예술까지 바꿔놓을 수 있는 미래를 상상한다. 하지만 위너가 '사이버네틱스Cybernetics'라고 부른 기계를 알게 된 예술가 백남준은 이런 결론을 낸다. 사이버네틱스 예술보다 사이버네틱스 시대에 살게 될 인간을 위한 예술이 더 중요하다고.

결국 생성형 AI 시대 예술의 핵심은, 인공지능이라는 새로운 도구를 넘어 '상상력 대량생산 시대'에도 여전히 존재의 의미와 인류의 영원한 문제들을 고민할 인간을 위한 예술이 되어야 한다는 말이다. 아니, 어쩌면 그런 질문들을 잊지 않도록, 인간이 여전히 인간임을 기억시켜주는 것이 예술의 가장 중요한 숙제일 수도 있겠다.

3부

도발적 상상들

인간을
재정의하는
다섯 가지 방법

스스로를 발명하는
지적 부지런함

문명적 전환의 시대,
지식 생산 사회를 위해
행동하는
철학자 최진석

카이스트 AI 대학원 초빙석학 교수
서강대학교 철학과 명예교수
새말새몸짓 이사장·건명원 초대원장, 새말새몸짓 기본학교 교장
베이징대학교 대학원 도가철학 박사
저서 『삶의 실력, 장자』 『철학자의 공책』 『건너가는 자』 외

"지적 부지런함을 발휘해서 얻어지는
각자만의 처방전이 필요하다"

철학자 최진석은 지금 우리가 마주한 AI 시대를 단지 새로운 기술의 등장으로 보지 않는다. 그는 이를 인간의 존재 방식과 지식의 생산 방식을 근본적으로 바꾸는 문명적 전환이라고 진단한다. 산업혁명이 생산력을 극대화하며 제국주의를 촉발했다면, 4차산업혁명은 인간의 사고와 상상력 그 자체를 시험대에 올리고 있다는 것이다. 최진석은 이 같은 변화 속에서 "단순히 AI를 이해하려 하지 말고, 감성적으로 받아들이고 능동적으로 활용해야 한다"고 강조한다. 그렇지 않으면 지적 게으름에 빠진 사회는 새로운 시대의 언어를 배우지 못한 채 또 한번 역사의 뒤편으로 밀려날 수 있다는 것이다. 이제는 지식을 수입하는 사회에서, 지식을 생산하는 사회로 나아가야 할 때다. 그리고 그 출발점은 바로 '자기 자신을 궁금해하는 힘'에서 시작된다.

주도권 없는 사회와 지적 게으름

> 철학자로서 다양한 활동을 하고 계십니다. 본인의 철학적 여정과 현재 진행중인 프로젝트를 소개해주실 수 있을까요?

저는 서강대학교 철학과를 거쳐 건명원과 새말새몸짓 기본학교를 설립해 운영하고 있습니다. 우리 사회는 기존의 방식으로는 더이상 발전하기 어려운 한계에 도달했다고 봅니다. 그래서 새로운 사고와 행동이 필요하다는 의미에서 '새말새몸짓'이라는 이름을 붙였습니다. 새말새몸짓은 단순히 새로운 방식의 교육을 넘어서, 우리가 직면한 사회적·철학적 과제를 해결하기 위한 시도입니다. 저는 이 활동을 통해 인재를 양성하고 그들이 미래의 주역으로 자리잡을 수 있는 환경을 마련하고자 합니다. 우리가 원하는 미래는 시간이 열어주는 것이 아니라 인재만이 열 수 있어요. 그래서 현재 인재 배양에 집중하고 있습니다.

> 철학의 관점에서 지금의 한국 사회를 환자로 비유한다면, 어떤 병을 앓고 있다고 생각하시나요?

우리 사회는 지금 사고의 한계에 도달했습니다. 문명은 본질적으로 인간의 생각이 구현된 결과물입니다. 어떤 수준의 사고를 하느냐에 따라 그 문명의 높이가 결정되는데, 현재 우리의 사고는 그 한계에 갇혀 있습니다. 이를 동물 세계에 비유하자면, 한계에 갇힌 생명체들이 서로를 모방하며 제자리걸음을 반복하는 상황과 같습니다. 이런 상태에서는 새로운 포식자가 등장하면 속수무책으로 몰락하거나 소멸하게 됩니다. 우리나라의 정치적 구조는 이를 여실히 보여줍니다. 오랜 시간 동안 적대적 공존의 상태에 머물러왔는데, 이는 마치 서로를 모방하는 동물들처럼 근본적인 변화를 만들어내지 못하는 상황입니다. 오늘날은 정치적 발언조차 어느 진영에서 나온 것인지 분간하기 어려울 정도로 사고와 상상력이 고갈되어 있습니다. 이러한 적대적 공존의 장기화는 국가의 사고 체계와 상상력을 정체시키고, 새로운 가능성을 모색하지 못하게 만듭니다.

> AI라는 새로운 물결이 무섭도록 빠르게 다가오고 있습니다. AI는 우리에게 어떤 영향을 미칠까요?

한 나라의 운명은 그 시대를 관통하는 기술 변화를 어떻게 받아들이고 대응하느냐에 따라 달라집니다. 예를 들어 산업혁명이 처음 영국에서 시작되어 막대한 생산력을 일으키자, 그 여파가 다른 나라들로 확산되면서 제국주의가 탄생했습니다. 이 흐름이 조선에도 영향을 미쳤는데요, 바로 그 시기에 다산 정약용 선생이 살았습니다. 다산 선생은 당시 조선의 현실을 두고 '이 나라는 손끝 하나라도 썩지 않은 곳이 없다. 망

하고 나서야 그 사실을 깨달을 것이다'라는 통찰력 있는 말을 남겼습니다. 그리고 그 예견은 74년 후, 한일강제병합이라는 결과로 이어졌죠. 저는 지금 우리가 맞이한 4차산업혁명, 특히 AI로 대표되는 이 새로운 기술의 등장과 당시 산업혁명의 도래를 구조적으로 연결해보려고 합니다. 다산 정약용 선생이 조선의 한계를 지적했던 것처럼, 저도 대한민국이 지금 한계에 도달했다고 보고 있습니다. 문제는 지금 우리가 직면한 기술적 변화는 속도의 측면에서 훨씬 가속화된 문명적 전환이라는 데 있습니다. 산업혁명 시대와 비교했을 때, 우리가 현상황을 잘못 인식하고 적절히 대응하지 못한다면 추락의 속도는 훨씬 더 빠를 것입니다. 이는 단순한 비유가 아니라, 특단의 대책과 과감한 시도를 하지 않는다면 현실이 될 수 있다는 우려입니다. 단순한 수정과 보완으로 해결될 문제가 아니라, 근본적인 방향 전환과 구조적 대응이 필요한 시점이라고 생각합니다.

> 왜 우리는 역사를 통해 배우지 못하고 같은 실수를 반복하는 걸까요?

기억력이나 노력의 문제는 아닙니다. 그것은 우리나라가 역사 속에서 한 번도 주도권을 가져본 경험이 없기 때문입니다. 주도권을 가진다는 것은 단순히 스스로 앞서나가는 것을 의미하지 않습니다. 역사의 흐름을 주도적으로 형성하고 방향을 설정하는 능력을 갖추는 것을 말합니다. 하지만 우리는 오랜 시간 동안 종속된 입장으로 살아왔습니다. 조선 500년 동안 우리는 국제 질서 속에서 종속국가로 살았고, 이후 일본의 지배를 받으면서 더욱 심화된 종속을 경험했습니다. 오늘날은 과거와 같은 명백한 종속은 아니지만, 여전히 세계적인 흐름을 허겁지겁 추격하며 그 속에서 성공을 이루려는 데 머물러 있는 모습을 볼 수 있습니다. 이러한 상황은 주도권을 갖는 데에 대한 두려움으로 이어지기도 합니다. 이 두려움을 저는 '지적 게으름'이라고 부릅니다. 흔히 '마음 편한 것이 최고다'라는 말들을 많이 하죠. 주도권을 가지려면 새로운 길을 만들어야 하고, 새로운 생각과 창의적 노력을 요구받게 됩니다. 이는 타인의 흐름을 따라가는 것보다 훨씬 큰 부담과 책임을 동반합니다. 따라서 많은 사람이 모방하고 따르는 방식에 익숙해지고, 그것이 안전하다고 느끼는 경향이 생겼습니다.

하지만 이런 방식으로는 진정한 의미의 도약과 지속적인 성장을 이루기 어렵습니다. 세계는 지식으로 구성되어 있는 데 반해 어쩌면 우리는 지식 생산국이 아닌 지식 수입국이라고 생각해볼 수 있습니다. 주도권을 가져본 경험이 없는 우리로서는 이제 그것이 왜 중요한지, 그것이 없을 때 우리가 잃게 되는 것이 무엇인지를 철저히 인식해야 할 시점입니다. 우리는 그저 생존하는 데에 그치지 않고, 역사의 방향을 만들어가는 나라가 되어야 합니다. 그러기 위해서는 '지적 부지런함'을 발휘해서 얻어지는 우리 각자만의 처방전이 필요합니다.

"세계는 지식으로 구성되어 있는 데 반해

최 진 석

**어쩌면 우리는 지식 생산국이 아닌
지식 수입국이라고 생각해볼 수 있습니다."**

우리는 뛰어난 콘텐츠를 만들어내면서도 독창적인 지식과 철학을 생산하는 데는 왜 취약할까요?

우리 사회가 직면한 가장 큰 문제는 본질보다 '기능'에만 집중하는 태도입니다. 기자, 검사, 판사 같은 직업을 꿈이라고 생각하지만, 사실 그것은 꿈이 아니라 자신의 꿈을 실현하기 위한 작은 디딤돌일 뿐입니다. 진정한 꿈은 본질적인 문제를 해결하려는 소명에서 비롯됩니다. 예를 들어 '말의 질서를 바로 세우겠다'는 비전처럼요. 하지만 우리는 이러한 본질적인 고민을 회피하고, 지적 게으름과 상상력 부족에 빠져 있습니다. 그 결과 사회가 기능적 측면에서는 번영했지만, 말의 질서나 법의 질서를 바로 세우는 것처럼 근본적인 부분에서는 진화하지 못했습니다. 우리나라가 민주화로 이룬 눈부신 발전 그 이후에 새로운 어젠다를 설정하지 못한 이유가 바로 여기에 있습니다. 민주화는 이미 모델이 있었기에 따라갈 수 있었지만, 선도적인 국가로 나아가기 위해서는 스스로 어젠다를 설정해야 합니다.

결국 우리의 번영은 불안정한 토대 위에 쌓아올린 것이었고, 이제는 이를 튼튼하게 뒷받침할 '생각의 뼈대', 즉 올바른 교육이 필요합니다. 교육의 궁극적 목적은 무엇을 알게 해주는 것보다 알고 싶어하는 마음을 키워주는 것입니다. 이것이 핵심입니다. 지금까지의 방식은 교육의 근본적인 의도는 사라지고 지식만 주입하고 있는데, 이런 측면에서 교육열이 높다는 우리 사회는 '성적열'이 높은 것이라는 표현이 더 적합하다고 생각합니다. 지금이라도 본질적 가치를 구조화한 교육 시스템을 통해 우리나라만의 교육에 대한 합의가 이루어져야 합니다.

> "교육의 궁극적 목적은 무엇을 알게 해주는 것보다
> 알고 싶어하는 마음을 키워주는 것입니다.
> 이것이 핵심입니다."

감정적 수용과 능동적 대응

> 인간을 능가하는 일반인공지능AGI이 나타날 수도 있는 시대에, 인간과 기계의 관계를 어떻게 바라보시나요?

오늘날 문명은 놀라울 만큼 빠른 속도로 변하고 있습니다. 가장 큰 특징은 속도가 빨라진다는 점과 모든 아이덴티티가 붕괴되고 있다는 것입니다. 그 과정에서 인간과 기계의 경계가 흐릿해지고 있지요. 이렇게 생물학적·물리적 장벽이 무너지는 시대에 인간과 기계를 이분법적으로 나누는 일은 무의미하다고 생각합니다. 그렇기 때문에 오히려 끊임없이 변하는 존재로서의 인간을 재발견하고, 새롭게 태어나는 문명을

끊임없이 변하는 존재로서의 인간을 재발견하고,
새 문명을 고민해야 할 때입니다.

어떻게 받아들이고 해석할지 고민해야 할 때가 아닌가 싶습니다.

> 인간을 바라보는 기준 역시 계속해서 달라지고 있습니다. 동양철학은 어떻게 변화해야 할까요?

모든 것이 변할 것입니다. AI가 가져올 변화는 단순한 기술적 변화라기보다 존재론적 변화라고 바라봅니다. 즉 지식 생산 방식이 달라진 거죠. 그런데 지식 생산 방식이 달라졌다는 것은 인간을 바라보는 시각부터 세계를 이해하고 반응하는 방식까지 모든 것이 바뀐다는 뜻이죠. 문제는 이런 변화가 이미 시작됐는데도, 정작 우리나라 사람들은 AI를 '나의 삶'으로 받아들이지 못하고 있다는 점이에요. 한껏 떨어져서 AI가 무언지를 '파악'하려고만 하지, 적극적으로 활용하려는 감성적 접촉 단계까지 나아가지 못하고 있습니다. 그러니 새로운 시대를 주도할 인재도 제대로 길러내지 못하는 것은 물론, 나중에는 AI에 먼저 적응한 이들에게 뒤처질 위험이 훨씬 더 빨리 닥쳐올지도 모릅니다. 이 또한 지적 게으름과 관련이 있어요.

중요한 건 지금 이 자리에서 우리가 할 수 있는 논의와 행동에 집중하는 일입니다. AI라는 큰 흐름 속에서 우리에게 맞는 현실적 해법을 찾아나가야 해요. 다행히 모든 것을 새로 만들어낼 필요는 없습니다. 이미 주어진 기술과 지식, 역량을 잘 끌어모으고 여기에 '감성적'으로 몰입해 활용해보는 일부터 시작하면 됩니다. 요컨대 AI가 인간을 완전히 대체할 것이냐를 고민하기보다는 'AI를 진짜 내 것으로 받아들여서 잘 활용하는 사람이 그렇지 못한 사람을 대체하게 될 가능성'이 훨씬 더 크고 시급하다는 점을 기억해야 합니다. 우리에게 필요한 건 '이해만 하는' 태도에서 벗어나 '능동적으로 활용'하고 '인재를 키워내는' 적극적인 대응 방식입니다. AI와 함께 새로운 세상을 펼쳐나갈 준비가 되어 있느냐, 그게 앞으로의 승부처가 될 것입니다.

> 지금까지와는 다른 미래를 살아갈 젊은 세대에게 전하고 싶은 메시지가 있다면 무엇인가요?

'자신을 궁금해하는 태도'를 가져달라고 전하고 싶어요. 우리가 지금 겪고 있는 이 거대한 변화가 낯선 이유는, 사실 '적응해본 기억' 자체가 없어서입니다. 역사적으로 동양이 서양에 완전히 패배했다고 볼 수 있는 아편전쟁을 살펴보면 그 근본 원인이 '추상적 사유', 곧 철학과 과학이 부족했기 때문이었죠. 다시 말해, 탐험 정신이나 커다란 상상력을 담은 신화가 부재했던 겁니다.

서양 문화권에는 탐험가라는 직업이 존재했고, 기하학과 같은 추상적 사유가 발달했으며, 황당무계하다고 느껴질 정도로 상상력 넘치는 신화가 있었어요. 그런데 동양은 그런 부분을 상대적으로 갖추지 못했기 때문에 '꿈꾸는 힘'에서 뒤처졌습니다. 그러니 우리가 새로운 시대에 제대로 적응하고 싶다면, 우선 지적 부지런함을 발휘해 끊임없이 탐험하고, 자기만의 신화를 써나가는 작업부터 해야 합니다.

그런데 그런 신화를 만들어내려면, 무엇보다 스스로를 궁금해하는 질문이 꼭 필요해요. '나는 누구인지, 무엇을 원하는지, 이 짧은 인생을 어떻게 살다 가고 싶은지, 결국 어떤 사람이 되고 싶은지' 등을 스스로에게 물어봐야 합니다. 이 과정에서 '설명하는 나'와 '그 설명을 듣는 나'가 어느 순간 딱 하나로 합쳐질 때가 있는데, 그때는 왠지 모르게 눈물이 나거나 가슴이 벅차올라요. 저는 그걸 '신적 경지'라고 부르는데, 바로 그 지점이 자기만의 신화를 써나가기 시작하는 출발점입니다. 설령 내일 지구가 멸망하더라도 '자신에 대한 궁금증'을 진지하게 파고들어보는 건 지금 우리 사회에 정말로 필요한 도전이에요. 특히 20대 젊은이들께는, 그동안 별로 해보지 않았던 이 '가장 중요한 일'을 꼭 권하고 싶습니다.

> **"무엇보다 스스로를 궁금해하는 질문이 꼭 필요해요.**
> **'나는 누구인지, 무엇을 원하는지,**
> **이 짧은 인생을 어떻게 살다 가고 싶은지,**
> **결국 어떤 사람이 되고 싶은지' 등을**
> **스스로에게 물어봐야 합니다."**

새로운 문제를
정의하고 해결하는
능력

차별화로 승부하는
AI 반도체 스타트업 CEO
기업가 박성현

AI 반도체 스타트업 리벨리온 CEO
매사추세츠공대(MIT) 컴퓨터공학 박사
인텔, 스페이스X, 모건스탠리 등 재직

"인간이 더 창의적이고 전략적인 역할을
할 수 있도록 AI를 활용해야 한다"

AI 기술이 빠르게 진화하면서 이를 뒷받침하는 반도체 산업도 새로운 국면에 접어들고 있다. 특히 '학습 이후' 단계에 최적화된 추론용 AI 반도체가 주목받는 가운데, 리벨리온은 NPU 개발을 통해 차별화를 꾀하고 있다. 박성현 대표는 일반인공지능의 도래에 따라 단순한 효율성 경쟁이 아닌 용도별로 특화된 반도체의 중요성이 커질 것이며, 이것이 곧 기업의 생존 전략이 되리라고 전망한다. AI가 인간의 역할을 빠르게 대체하고 있는 지금, 그는 기업과 개인 모두 문제를 정의하고 해결하는 능력을 기르는 방향으로 나아가야 한다고 강조한다.

AI의 특정 연산 패턴에 맞춘 맞춤형 반도체, NPU

> 리벨리온은 AI 반도체 시장에서 어떤 역할을 하고 있나요? 경쟁사와 비교했을 때 가장 큰 차별점은 무엇인지 궁금합니다.

리벨리온은 AI 반도체 스타트업으로, 기존의 범용 GPU■ 기반 AI 반도체가 아닌 추론inference 특화 반도체를 개발하고 있습니다. AI 연산이 점점 증가하면서 기존의 GPU 기반 시스템은 전력 소모와 비용이 비효율적이죠. 리벨리온은 엔비디아처럼 범용 AI 연산을 처리하는 것이 아니라, AI가 학습된 후 실제 적용될 때 최적화된 NPUNeural Processing Unit■■를 개발합니다.

쉽게 말하면, 엔비디아는 AI 모델을 학습시키는 데 강점이 있지만, 리벨리온은 학습이 끝난 모델을 효율적으로 운용하는 하드웨어를 만드는 것이죠. 기존의 AI 반도체 시장이 GPU 중심으로 움직였다면, 리벨리온은 전력 효율성, 성능 최적화, 그리고 맞춤형 반도체 설계를 통해 차별화된 길을 가고 있습니다.

■ 그래픽처리장치라는 뜻으로 직렬 처리 방식을 이용하는 CPU(중앙처리장치)와 달리 병렬 처리 방식으로 여러 개의 연산을 동시에 처리할 수 있어 대규모 AI 연산을 처리하는 데 많이 쓰인다. 2016년 이세돌 9단과의 바둑 대결에서 알파고를 승리로 이끈 주역이 바로 딥러닝 기술을 구현하는 데 쓰인 GPU였다.

■■ 인간 뇌가 수많은 신경세포로 연결돼 신호를 주고받으며 작동하는 것과 같은 원리가 적용된 반도체로, AI 작업에 최적화됐다는 평가를 받으며 대표적 추론용 반도체로 꼽힌다.

최근 중국의 반도체 산업이 빠르게 발전하며 미국과의 격차를 좁히고 있습니다. 향후 AI 반도체 시장에서 중국이 어떤 영향을 미칠 것이라고 보시나요?

중국은 AI 반도체 시장에서도 빠르게 성장하고 있습니다. 특히 미국의 제재 이후 자체 공급망을 구축하는 데 성공했죠. 최근에는 화웨이가 자체 AI 칩을 개발해 엔비디아 없이도 AI 서비스를 운영하고 있습니다. 중국이 AI 반도체 시장에서 영향력을 키울 가능성이 크지만, 미국의 독점적 기술력과 소프트웨어 생태계까지 따라잡기는 쉽지 않을 것입니다. 반면 한국은 여전히 시스템 반도체 설계에서 경쟁력이 부족한데, AI 반도체 시대에는 이런 한계를 극복하는 전략이 필요합니다.

한국 반도체 업계가 AI 시대에 경쟁력을 갖추기 위해 가장 필요한 변화는 무엇이라고 생각하시나요?

한국 반도체 업계의 가장 큰 문제는 설계 인력의 부족입니다. 삼성전자나 SK하이닉스 같은 대기업에서도 반도체 설계보다는 메모리 사업 중심으로 인재가 몰리는 구조죠. 결국 반도체 설계 인재를 육성하는 인센티브 구조를 개편해야 합니다. 승진 시스템, 연구 지원 정책 등을 조정해 설계 인력이 장기적으로 성장할 수 있는 환경을 만들어야 합니다. 단기적인 수익보다 AI 반도체의 미래 가치를 보고 투자할 때입니다.

> "결국 반도체 설계 인재를 육성하는
> 인센티브 구조를 개편해야 합니다."

새로운 문제를 정의하고 해결하는 능력의 중요성

AI가 발전하면서 인간의 역할이 점점 축소될 것이라고 전망하는 사람이 많습니다. AI 시대에 인간이 해야 할 역할은 무엇이며, 기업은 이에 어떻게 대비해야 할까요?

AI는 이미 인간의 업무를 상당 부분 대체하고 있습니다. 특히 AI가 연구 논문을 요약하거나 코드 오류를 찾아주는 방식으로 전문가들의 업무 효율을 극대화하고 있죠. 문제는 경험이 부족한 사람들이 AI에 과도하게 의존할 경우, 실질적인 성장 기회를 잃을 수 있다는 점입니다. 기업 차원에서는 AI를 단순한 효율성의 도구가 아니라, 인간이 더 창의적이고 전략적인 역할을 할 수 있도록 보완하는 방향으로 활용해야 합니다. AI와 인간이 함께 발전하는 구조를 만들어야 미래에도 경쟁력을 유지할 수 있을 것입니다.

> "경험이 부족한 사람들이 AI에 과도하게 의존할 경우,
> 실질적인 성장 기회를 잃을 수 있다는 점입니다."

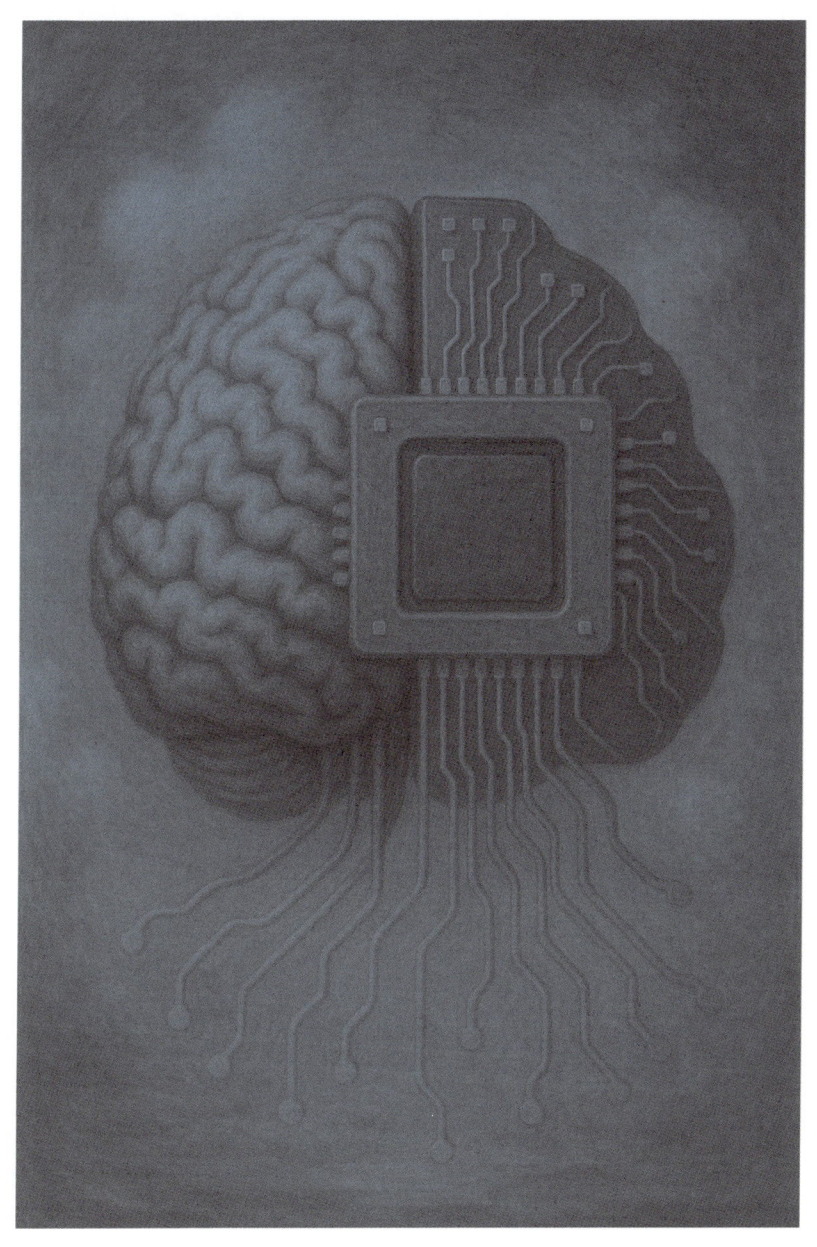

AI에 과도하게 의존하기보다
인간과 함께 발전하는 구조를 만들어야 합니다.

> AI 시대에 글로벌 인재로 성장하기 위해 필요한 교육 방식이나 경험은 무엇이라고 생각하시나요?

AI 시대에는 단순히 지식을 암기하는 것이 아니라, 문제를 해결하는 능력을 기르는 것이 가장 중요합니다. 저도 아이를 키우면서 느끼는 부분인데, 정답만 알려주는 교육 방식으로는 아이가 스스로 고민하고 해결하는 능력이 길러지지 않더라고요.

결국 중요한 것은 어려움을 경험하고, 직접 부딪히면서 해결해나가는 과정입니다. 실제 AI 연구도 마찬가지입니다. 정답이 정해진 문제를 푸는 능력이 아니라, 새로운 문제를 정의하고 해결하는 능력이 필요하죠. 따라서 글로벌 인재로 성장하려면, 단순한 학습을 넘어 실전 경험을 쌓고 다양한 문제를 스스로 해결해보는 기회를 갖는 것이 필수입니다.

> *"정답이 정해진 문제를 푸는 능력이 아니라,*
> *새로운 문제를 정의하고 해결하는 능력이 필요하죠."*

> 일반인공지능(AGI)의 등장 가능성이 점점 논의되고 있습니다. 일반인공지능(AGI)이 현실화되었을 때, AI 반도체 산업은 어떻게 변화할 것으로 예상하나요?

일반인공지능(AGI)이 등장하면 AI 연산량은 지금과 비교할 수 없을 정도

로 증가할 것입니다. 현재의 LLM도 엄청난 연산량을 필요로 하는데, 일반인공지능AGI이 되면 그 수준이 몇 배 이상 증가하겠죠. AI 반도체 시장에서도 연산 최적화가 더욱 중요해질 것입니다. 지금처럼 엔비디아의 GPU만으로 AI를 학습하고 운용하는 것이 아니라, AI의 용도별로 특화된 반도체가 필수적으로 필요할 겁니다. 리벨리온은 그런 맞춤형 반도체를 설계하는 기업이기 때문에, 일반인공지능의 시대에도 고성능·고효율 AI 추론 칩 시장을 선점할 기회가 있다고 생각합니다.

신체를 경유한 창의성의 힘

예술의 본질을
탐구하는
문학평론가 이광호

문학평론가·문학과지성사 대표
전 서울예술대학교 문예창작과 교수
제13대 한국출판인회 회장
저서 「작별의 리듬」, 「장소의 연인들」, 「사랑의 미래」 외

"신체가 없는 AI에게는
인간이 가진 고유한 창의성이 없다"

문학과 예술의 본질은 그 무엇보다 인간의 신체를 통한 창의성에서 비롯된다. 이광호 문학평론가는 AI가 생성하는 텍스트가 인간의 고유한 창작을 대체할 수 없다고 말하며, 문학이 인간의 신체적 경험과 연결된 창의적인 행위임을 강조한다. "문학은 자기를 찾는 것이 아니라 깨지는 경험"이라고 말하는 그는 예술과 문학이 인간의 '타자'를 발견하는 행위라고 정의하며, AI 시대에도 문학이 살아남을 길은 바로 이 점에 있다고 주장한다. AI는 정보와 데이터를 통해 학습하지만, 인간의 신체적 경험을 통한 창의성은 결코 복제할 수 없다는 그의 철학을 통해 문학의 본질을 다시 한번 돌아보자.

문학 취향의 스펙트럼 넓힌 '한강 효과'

> 스톡홀름에서 열린 노벨상 시상식에 참석하셨습니다. 한강 작가가 수상하는 모습을 보니 어떤 기분이 드셨나요?

이번 경험은 저와 한국 문학 모두에 첫 경험이었습니다. 특별하면서도 조심스러운 시간이었어요. 한국 문학이 세계 문학의 중심에 서는 첫 자리에 제가 함께할 수 있다는 사실이 무척이나 뜻깊었습니다. 물론 처음이기에 어떤 일이 벌어질지 모르는 낯섦 속에 따르는 긴장감도 있었습니다. 그러나 이 경험은 일종의 통과의례 같았어요. 무엇이든 처음이 주는 긴장감을 넘어서고 나면 '사실 그렇게 어렵고 대단한 일만은 아니구나' 또는 '한국 문학도 할 만하구나'라는 생각도 할 수 있다는 것이죠.

단순히 개인적인 기쁨을 넘어, 앞으로 더 많은 한국 작가가 글로벌 무대에 오를 수 있는 계기를 마련했다는 점에서 참여의 의미가 더해졌습니다. 이제는 우리가 서 있는 자리에서 각자가 어떤 발걸음을 내디딜지 고민해야 할 때라고 봅니다. 이러한 일이 한두 번의 성과로 끝나지 않고, 지속 가능한 문학적 지평으로 이어지길 간절히 바라는 시간이었습니다.

> 시상식에서 한강 작가는 어떤 모습이었나요. 이 성취의
> 의미가 무엇이라고 생각하시는지요.

한강 작가에 대한 현장의 관심과 열기가 대단했어요. 아마 한강 작가 본인이 가장 힘들었을 듯해요. 그래도 힘든 내색 없이 굉장히 차분했습니다. 이 모든 과정이 한국 문학의 발전을 위한 새로운 전환점이 되었으리라 믿습니다. 다만 문학은 국가를 대표하는 것이 아니기도 하기에 국위 선양의 맥락을 대입하는 건 문학적 담론 측면에서 과장된 것이라고 생각해요.

그럼에도 불구하고 한국 상황과 연관해서 볼 수는 있을 것 같아요. 한국어 문학은 소수의 문학입니다. 너무나 작은 시장이고 독자수 또한 적기 때문에 언제나 번역이라는 어려운 과정을 거쳐야 한다는 과제가 있죠. 국제적 문학으로 자리매김할 가능성이 낮은 것이 사실입니다. 이런 점에서 문학이 국가를 대표할 수 있다고 보기는 어렵지만, 적어도 한국어 문학이라는 관점에서는 굉장히 중요한 동기부여가 된 계기라고 할 수 있습니다.

특히 이번 수상이 주는 상징성은 큽니다. 노벨문학상의 오랜 역사 속에서 아시아 여성 작가가 수상한 적은 이번이 처음입니다. 2022년 노벨문학상 수상자인 아니 에르노 작가가 "노벨상은 남성을 위한 제도이며 현대화해야 한다"고 이야기했을 정도로 노벨상은 보수적 성격이 강하죠. 이러한 맥락에서 본다면 한국어 문학에 관심을 가졌다는 것과 함께 아시아 여성 언어에 관심을 가졌다는 점에서 의미가 있다고 봅니다. 또한

한국어 문학이 지닌 독창성과 깊이를 세계적으로 인정받은 계기로, 다른 한국 작가들에게도 새로운 기회가 생긴 것 역시 맞습니다. 다만 기본적으로 작가에게 주어지는 상이라는 점을 잊어선 안 되겠습니다.

글로벌 무대에서의 한국 문학의 미래를 어떻게 보시나요? '한강 효과'는 지속될까요?

한강 작가의 노벨상 수상은 한국 문학이 세계적으로 주목받는 중요한 계기가 되었습니다. 하지만 이 모멘텀을 유지하려면, 한 명의 스타 작가를 넘어 다양한 목소리가 함께 들릴 수 있는 환경을 조성해야 합니다. 한국 문학은 시장 규모가 워낙 작기 때문에 언제나 양극화라는 문제를 마주하게 됩니다. 다양성 보장이 어렵다는 얘기죠. 시장이 크다면, 독특한 문학을 쓰는 작가도 1만 부 정도는 팔린다는 전제로 생계를 유지하며 글쓰기를 지속할 수 있습니다. 하지만 우리나라는 독특하거나 사람을 불편하게 하는 글을 쓰는 작가가 안정적 글쓰기 환경을 갖기 어렵죠.

한강 작가의 작품 또한 대중적인 편이라고 볼 수는 없고, 한국 문학의 주류라고 말하기 어려운 지점도 있어요. 이번 수상은 이 같은 환경을 극복하고 한국 문학의 다양성을 얻을 수 있는 계기가 되었죠. 문학은 항상 아름다워야 하고 위로를 줘야 한다고 생각하는 분이 많은데, 한강 작가의 작품은 단순히 아름답거나 위로를 주는 방식보다 우리를 불편하게 하는 방식으로 우리 삶의 감각을 바꿀 수 있게 합니다. 다시 말해 '이런 것도 문학이구나'라는 관점을 제공한다는 점에서 문학적 취향의 스펙트럼을 넓혀줍니다.

최근 통계를 보니 한강 작가의 수상을 계기로 오랫동안 문학을 접하지 않았던 중년 남성들이 문학 서적을 접하는 경우가 많아졌다고 합니다. 이렇게 관심을 갖게 된 독자들이 '이런 것이 문학이구나'라고 느끼는 동시에 다른 좋은 작가의 작품을 읽어보고 싶다는 욕구를 갖게 된다면 '한강 효과'가 단발성으로 끝나는 이벤트가 아닌, 다양성이 더 커지는 쪽으로 문학 생태계가 선순환되는 토대가 되지 않을까 생각합니다.

인간 고유의 창작 행위란 무엇인가?

> AI가 텍스트를 생성할 수 있는 시대가 도래했습니다. 이는 문학, 더 나아가 인간 창의성에 어떤 영향을 미칠까요? AI가 한강 작가 같은 감동적인 작품을 창작할 수 있을까요?

저 또한 정말 궁금하네요. 지금의 충격은 인터넷 세계를 처음 경험했을 때보다 더 클 수도 있다는 생각이 듭니다. 변화 속도도 이전보다 더 빠르다는 생각이 들어요. 왜냐하면 인터넷을 통해서 했던 경험은 검색이라고 하는 정보 취득의 광범위함이었지만, 현재 생성형 AI는 정보 생성

에 관련된 것이니까요. 검색과 편집의 영역이 아닌 생성의 영역이라는 점에서 유가 유를 만드는 단순한 기술적 혁신이 아니라, 무에서 유를 만드는 인간 창의성의 본질에 대한 근본적인 질문을 던지고 있다고 생각합니다.

이것은 창작의 과정 자체를 다시 정의하는 계기가 되는 동시에 전혀 다른 차원이 열리는 것이라는 생각을 하게 됩니다. 예술에 종사하거나 텍스트를 생산하는 사람에게 생성과 창조는 존재의 핵심이었습니다. 그런데 인간이 할 수 있는 것을 이제 AI도 할 수 있다고 한다면, 인간 고유의 창작 행위가 무엇인지에 대해 아주 깊고 치열한 질문을 해야 되는 상황이죠.

그러나 본질적으로 생성형 AI가 생성하지 못하는 영역이 있다고 생각합니다. 이렇게 예를 들어보죠. 저희 출판사에서 시집이 600호가 넘게 나왔어요. AI가 이 모든 시집을 학습한다고 칩시다. 그렇다면 AI는 겉으로 보기에 굉장히 그럴듯하고 멋진 시를 쓸 수도 있을 거예요. AI와 인간의 창의성의 차이는 얇은 종이 두께만큼일 수도 있죠. 때로는 인간이 AI보다 덜 세련된 글을 쓸지도 모르겠고요.

하지만 최고의 예술에는 그 얇은 종이 한 장 정도의 차이가 만들어내는 결정적인 나아감이라는 게 있습니다. 그건 단순히 학습한다고 되는 게 아니에요. 논리적으로 설명할 수 없는 영적인 차원일 수도 있고 신체적인 차원일 수도 있어요. 무엇보다 그곳에는 에너지가 담겨 있어야 해요. 육체를 통해 다른 감각의 세계를 담아내는 일은 인간만이 할 수 있는 고유한 능력이라고 생각합니다.

이러한 에너지까지 과연 AI가 창조해낼지에 대해서 아직은 의문이에요. 차이가 아주 크다고 생각하지는 않습니다. 다만 아주 작은 차이는 틀림없이 남아 있지 않을까 추측하는 거죠. 그 작은 차이를 어떤 사람은 모를 수 있지만 연구자나 평론의 영역에서는 알 수 있다고 생각합니다.

> **"검색과 편집의 영역이 아닌 생성의 영역이라는 점에서 유가 유를 만드는 단순한 기술적 혁신이 아니라, 무에서 유를 만드는 인간 창의성의 본질에 대한 근본적인 질문을 던지고 있다고 생각합니다."**

문학의 힘은 직접 경험하지 못한 것을 경험하게 하는 데 있습니다. 인간이 문학을 통해 새로운 경험을 하는 것과, AI가 새로운 경험을 하는 것 사이에 본질적인 차이가 있을까요?

AI는 신체로 학습하지 않고 정보를 학습한다는 거예요. 인간은 사실 AI만큼의 정보력이 없기 때문에 신체로 학습하는 거잖아요. 그러니까 신체로 학습한 사람의 창의적인 언어와, 신체는 없지만 광범위한 정보를 학습한 AI의 창의성은 다를 거라는 말이죠.
이를테면 AI가 한강 작가의 문학을 학습한다면 한강 작가가 쓰는 수준의 묘사는 흉내낼 수 있을 거예요. 그러나 한 번도 세상에 언어로 발설

된 적 없는 감각이라는 게 있어요. 피부에 어떤 문제가 생겼다든가 날씨에 대한 어떤 감정이 든다든가 하는. 물론 보편적인 감각 중 하나이지만 그래도 남들이 경험하지 못한 미세한 결에 대한 다른 언어가 탄생할 수 있거든요. 신체를 가진 인간이 자신의 감각을 세상에 없던 언어로 표현하는 것이야말로 예술적 능력인데, 신체가 없는 AI가 할 수 있다고 생각하기란 어려워요.

그리고 당연히 독자도 신체를 가졌기 때문에 독자가 그걸 받아들이는 것이 AI가 그 정보를 학습하는 것과 같은 결이라고 보기도 어렵죠. AI는 종이책의 물성을 손가락의 감촉으로 경험할 기회가 없으니까요. 종이책을 넘기며 커피를 마시다가 조금 흘리거나 침이 떨어지거나 했을 때 그 감각을 경험할 수가 없잖아요. 저는 AI가 썼다는 점을 밝히지 않아도 독자들이 차이를 발견할 수 있을 거라는 희망이 있어요. 다만 큰 차이는 아닐 거라고 생각해요. 그러나 그 차이가 중요하다고 생각하는 것 자체가 신체를 가진 인간으로서 지니고 있는, AI에 대한 약간의 역설적인 자부심이죠.

신체로 학습한 창의성, 타자를 발견하는 문학

> 알고리즘 기반 숏폼 콘텐츠가 대세인 시대에, 책이 오히려 문화적 상징물로 소비되는 텍스트힙 현상은 어떻게 바라보시는지요.

신체로 학습한 사람의 창의적인 언어와

신체는 없지만 광범위한 정보를 학습한 AI의 창의성은

다를 거라고 생각합니다.

숏폼 같은 콘텐츠는 본인이 선택했다기보다는 제공되는 영상을 소비하는 행위인데, 이런 상황에서 나타난 텍스트힙 현상은 시대의 흐름을 반영한 흥미로운 문화적 변화라고 생각합니다. 많은 사람이 책을 읽을거리보다는 일종의 패션 아이템처럼 여기는 모습에 허영이 아니냐고 비판할 수도 있겠지만 저는 허영이면 어떠냐는 입장이에요. 허영심으로 책을 들고 다니는 행위가 언젠가는 그 책을 다시 들여다보게 되는 계기가 될 가능성이 있기 때문입니다.

종이책이 주는 물리적 경험, 예를 들어 책을 넘길 때의 감촉이나 종이의 질감은 디지털 콘텐츠로는 대체할 수 없는 사유와 상상력의 과정을 경험하게 해주죠. 비록 출발은 허영심에서 비롯될지라도 '텍스트힙'이 단기적 유행을 넘어, 독서 문화를 확산시키는 촉매제가 되기를 바랍니다.

글을 쓰고 책을 읽는 과정이 대체 뭐냐고 하면 '자신을 찾는 과정'이라고 답하는 사람들이 있죠. 저는 정반대로 말합니다. 문학적 글쓰기나 책 읽기의 경험은 자기를 찾는 과정이 아니라 자기가 깨지는 경험이에요. 그러니까 자기가 낯설게 되는 거죠. 이런 낯선 경험은 자기 안에 있는 타자의 발견, 그리고 자기가 타자가 되는 두 가지 방식으로 정리됩니다. 자기 자신이라고 믿었던 것이 깨지는 경험, 그리고 나는 이런 사람이야라고 하는 생각들이 파괴되는 과정이 흥미로운 경험인데 알고리즘 세계의 경우 내가 어딘가에 관심을 가져서 한번 클릭을 하면 계속 그에 관한 것만 따라오잖아요.

자기의 좁은 관심사 안에서만 맴돌며 그 안에서 좀 더 자극적인 것을 찾는 알고리즘의 메커니즘은 우리가 비싼 돈 주고 해외여행 가서 계속 한국 식당을 찾아가는 일과 비슷한 맥락일 수 있습니다. 자기의 확장성이나 자기가 깨지는 경험은 알고리즘을 통해선 절대로 하기 힘든 것이죠. 그러니까 예술이나 문학이 우리한테 주는 핵심적인 가치는, 자기 자신이라고 믿었던 이 체계를 무너뜨리는 임팩트와 예술을 보며 '나'의 외부를 발견하는 일에 있어요. 따라서 자신이 타자를 맞이하거나 혹은 자기 안의 타자를 발견하는 행위가 예술이나 문학을 접하는 행위의 핵심이라고 생각합니다.

> "문학적 글쓰기나 책 읽기의 경험은
> 자기를 찾는 과정이 아니라
> 자기가 깨지는 경험이에요."

AI 시대에도 버틸 수 있는 문학의 힘, 문학의 형태는 무엇일까요?

지금과 같은 문학의 형태는 아닐 가능성이 높다고 생각합니다. 그럼에도 불구하고 지금 우리가 알고 있는 문학이 절멸할 것 같지는 않아요. 이를테면 종이책이 없어지지는 않을 것 같고, 개개인의 고유한 어떤 영역 또한 완전히 사라지지는 않을 거라고 생각해요. 그러나 책이 생산되고 유통되는 방식은 상당히 많이 바뀔 것이고, 책의 창작과 편집의 과정에서 AI와의 대화적 소통이 상당한 수준으로 올라가리라고 생각합니다.

다만 인간이 갖고 있는 가장 큰 차별성, 즉 신체를 가졌기 때문에 발현되는 창의성이 있잖아요. 늙어감과 죽음에 대한 공포, 아프고 상처받는데 대한 두려움, 신체를 통해 땀을 흘리고 피를 흘리고 죽음이라는 걸 의식하는 이 미묘한 감각적 사고를 AI가 어떻게 가질 수 있을까요. 신체는 유한하잖아요. 자신의 몸이 유한하다는 사실을 아는 사람, 죽음에 대한 공포가 있는 사람…… 이처럼 저는 죽음이 문학과 밀접한 관계가 있다고 여겨요. 죽음을 마주한 사람들이 하는 것이 문학이라고도 생각하게 됩니다. 그래서 인간이 신체를 갖고 결국은 죽을 존재라고 생각하는, 유한성을 인정하는 데서 나오는 창의성은 남아 있지 않을까 싶습니다.

앞으로는 AI를 활용해서 어떻게 창작할 수 있느냐 하는 교육 방식과 과정 등이 생기리라고 봐요. 지금도 프롬프트의 중요성은 많이들 이야기하잖아요. 사람과 대화하는 게 아니라 AI가 가진 거대한 정보와 대화하는 거죠. 얼마나 정교하게 질문을 해서 생성형 AI가 자신의 정보력을 온전히 활용하게 만드는가 하는 능력이 굉장히 중요한 개인의 지식 능력이 되리라고 생각합니다.

창작의 능력에 이 같은 점도 포함되겠죠. 어떻게 잘 활용해서 내가 갖고 있지 못한 정보력을 뽑아낼 것인가. AI를 200퍼센트 활성화할 수 있는 방식에 대한 교육이나 학습은 갈수록 더 중요해질 것입니다. 문학 교육에도 이런 방식이 도입되리라고 생각해요. 그럼에도 불구하고 신체를 가진 인간만이, 신체를 가진 인간이기에 이뤄낼 수 있는 창의성에 대한 교육의 영역이 조금은 남아 있으면 좋겠어요.

"늙어감과 죽음에 대한 공포,
아프고 상처받는 데 대한 두려움,
신체를 통해 땀을 흘리고 피를 흘리고
죽음이라는 걸 의식하는
이 미묘한 감각적 사고를 AI가 어떻게 가질 수 있을까요."

순간이 아닌
감정을 기록하는 일

예술의 경계를 넘나드는
디지털 시대의 관찰자
사진가 김용호

한국패션사진가협회 회장 역임
예술사진 〈피안〉 〈매화〉 〈몸〉 〈신여성(모단 걸)〉 및 〈한국문화예술명인전〉 작업
구찌 주최 '한국 문화의 달' 캠페인 사진전 〈두 개의 이야기〉 작업(2024)
현대카드 〈우아한 인생〉 현대자동차 〈절차탁마, 브릴리언트 마스터피스〉 KT 〈아름다운
신세계〉 LG전자 〈메이드 인 창원(MADE IN CHANGWON)〉 등 기업 이미지 작업
영화 〈데 베르미스 서울리스(de Vermis Seoulis)〉 감독

"예술은 단순한 결과물 이상의 것을 담고 있다"

사진가인 동시에 사상가로도 불리며 다양한 예술의 경계를 넘나드는 김용호 사진가는 예술과 커머셜, 아날로그와 디지털의 경계를 어려움 없이 오간다. 그는 기술이 완행열차에서 고속열차로, 나아가 타임머신으로 발전하더라도 변치 않는 핵심은 그 안에 담긴 사람의 감정과 태도, 그리고 진심이라고 말한다. AI가 이미지의 경계를 무너뜨리는 오늘, 김용호 사진가는 여전히 묻는다. "이 장면은 누구의 감정으로 찍힌 것인가."

디지털과 아날로그, 예술과 커머셜 사이의 균형

작가님은 다양한 작품 활동을 하시는데요, 주로 어떤 작업을 하시나요?

사진가로서 인물, 풍경사진과 함께 기업광고 프로젝트를 많이 해왔고, 그 안에서 브랜드 이미지를 '하이엔드 아트' 수준으로 끌어올리는 시도를 해왔어요. 기업 프로젝트에서는 클라이언트의 목적을 충실히 따르되, 그 안에 제가 던지고 싶은 질문을 담아내려 노력하고 있습니다. 그 외에도 개인 프로젝트로 신여성, 모던보이 등 시대를 앞서간 인물들을 조명하는 작업을 해왔습니다. 예를 들어 디자인하우스에서 일본 건축가 시게루 반과 함께한 페이퍼테이너 뮤지엄 프로젝트에서는 초청작으로 신여성을 주제로 한 작품을 선보였어요. '사진'이라는 매체를 통해 그 시대의 기운을 오늘의 감각으로 다시 불러오는 것이 제 작업의 중요한 방향 중 하나입니다.

신여성, 모던보이 등 시대를 앞서간 인물들을 재조명하게 된 계기가 있으셨나요?

모던의 시대에 관심이 많아요. 저는 모던의 시대가 제1차세계대전 전후에 시작되었다고 생각하는데요, 전통적인 질서가 무너지고 새로운 문화와 문명이 유입되던 시기였죠. 한국은 일제강점기였고, 서구 문명은 일본을 통해 필터링해서 받아들일 수밖에 없었어요. 그래서 그 시기는 '불우한 천재'가 많이 등장한 시대였어요. 이상, 나혜석 같은 인물들이죠. 그들의 감각과 이상은 오늘날도 여전히 유효하다고 생각합니다. 저는 지금 우리가 살아가는 세상의 흐름을 제대로 이해하려면, 그 시기의 정신을 들여다보는 일이 중요하다고 봐요. 그리고 사진은 그 정신의 파편을 지금 여기로 다시 불러오는 것이죠. 최근에는 그 연장선에서 사진을 바탕으로 한 아날로그 단편 영화 작업도 해보고 있고요. 늘 디지털과 아날로그, 예술과 커머셜, 과거와 현재의 균형 속에서 작업을 이어가고 있습니다.

여러 매체 가운데 사진을 선택하게 된 특별한 계기나 어린 시절의 기억이 있으신가요?

어릴 적 사진작가가 되겠다고 생각한 적은 없어요. 그냥 집에 우연히 카메라가 있었고, 그걸 다룰 수 있었을 뿐이죠. 사진을 하겠다고 결심했다기보다는, 내가 무엇을 해야 하는지를 알고 있었어요. 그래서 자연스럽게 그 일을 하게 되었죠. 돌이켜보면 어린 시절의 저는 공부를 유별나게 열심히 하지도 않았고, 예술에 특별한 소질이 있다고 느끼지도 않았어요. 하지만 지금 생각해보면, 카메라를 들고 세상을 바라보는 훈련을 아주 오래전부터 했던 것 같아요. 마치 감각적으로 흘러가듯 이어진 삶이 사진이라는 매체와 만났다고 해야 할까요. 저는 늘 부족한 부분을 채우려고 했고, 채워질 때까지 계속했어요. 그렇게 하다보니 자연스럽게 예술이라는 길 위에 서 있게 되었습니다.

> 커머셜과 예술사진을 동시에 하면서도 양쪽 모두에서 독립적인 작업을 해오셨어요. 어떻게 가능했을까요?

제가 이 일을 오래할 수 있었던 가장 큰 이유 중 하나이기도 해요. 철저한 계획의 산물이라기보다는 그때그때 열심히 작업한 결과였던 것 같아요. 저는 바쁠 때도 파인아트 작업을 계속했어요. 후원을 많이 받았지만 작업의 완성도를 위해 결국 사비를 더 많이 쓰는 경우가 잦았습니다. 하지만 그렇게 열정을 가지고 시간과 노력을 들였던 작업이 지금 하는 일들에 굉장한 도움이 되고, 생각하지 못한 작업으로 연결되어 다양한 전시에 초청을 받기도 합니다.

광고 사진은 클라이언트의 요구에 맞춰야 하고, 메시지를 명확히 전달해야 하죠. 그건 기본이에요. 제 목표는 '당신이 생각하지 못했던 것을 보여주겠다'였어요. 단순히 요구를 충족시키는 데 그치지 않고, 그 브랜드가 가진 근본적 질문인 '왜 이 브랜드가 존재하는가'부터 다시 던져봤죠. 예를 들어 현대카드 광고 작업은 지금도 컬렉터들이 소장하고 있어요. 당시 광고 작업을 위해 화폐의 역사부터 공부했고, 브랜드가 내포한 기호학까지 파고들었어요. 그 결과 단지 광고 사진이 아닌, 예술적

으로도 독립적인 서사를 지닌 이미지를 표현하게 되었죠. 결국 두 세계를 오가며 느낀 점은 어떤 방식으로든 '진심'이 담겨야 한다는 거예요. 예술처럼 보이는 광고, 광고처럼 기능하는 예술, 그 경계에서 균형을 잡는 일이 핵심이에요.

사진은 '순간의 예술'이라고 하죠. 그 본질은 사실일까요, 창작일까요?

흔히 사진을 '찰나를 포착하는 예술'이라 말하죠. 하지만 그 찰나는 오랜 준비와 숙고 끝에 만들어진 계산된 순간일 수 있어요. 특히 인물 사진은 절대 즉흥적으로 찍을 수 있는 게 아니에요. 예를 들어 백남준 선생 사진을 촬영할 때도 뉴욕에 가기 전 관련 전기를 다 읽고 갔어요. 기업 회장의 사진을 찍을 때도 그분의 성장 배경, 가족 관계, 회사의 철학까지 미리 공부하죠.
그렇게 인물에 대해 충분한 사전 이해를 갖춘 뒤 그가 자연스럽게 감정을 표현할 수 있는 환경을 만드는 것, 그게 사진가의 연출이자 배려라고 생각해요. 살아 있는 무엇인가를 찍을 때는 분명 순간의 미학이 중요해요. 하지만 그 순간에도 많은 것이 준비된 자의 시간, 연구, 노력의 결과물이 함께 응축되지요. 그 노력에 따라서 순간의 미학이 나타나는 거예요. 단지 카메라의 셔터를 누르는 게 아니라, 한 번의 셔터를 위해 오랜 축적을 인내하는 것이 사진이라 생각해요.

"어떤 방식으로든 '진심'이 담겨야 한다는 거예요.
예술처럼 보이는 광고, 광고처럼 기능하는 예술,
그 경계에서 균형을 잡는 일이 핵심이에요."

감성과 이성이 공존하는 태도의 시대

디지털 시대의 변화도 다 경험하셨을 텐데요. 필름에서 디지털로, 이제는 생성형 AI까지 나왔는데 그 변화는 어떠셨나요?

필름에서 디지털로 바뀐 건 그냥 완행열차 타다가 대전역에서 KTX로 갈아탄 느낌이에요. '오, 쾌적하고 좋네' 그 정도? 낭만은 없지만 현실은 속도가 중요하니까요. 일본 철도를 보면 회사마다 열차의 실내디자인이 달라요. 어떤 열차는 시트를 벨벳으로 꾸몄고, 어떤 열차는 짙은 초록과 자주색으로 클래식하게 장식했죠. 고급스럽고 근사했어요. 이것이야말로 고객에 대한 배려이자 감성과 이성이 공존하는 시대의 태도가 아닐까 생각했어요. 기술은 앞으로도 계속 바뀌겠지만, 그 안에 사람의 감정과 태도, 시대정신이 담겨 있느냐가 더 중요하다고 생각해요. 고속열차가 아무리 편리해도, 일부러 덜컹거리는 완행열차를 찾는 사람들이 있잖아요. 그 안에는 낭만도, 기억도, 감정도 있으니까요.

기술은 앞으로도 계속 바뀌겠지만,
그 안에 사람의 감정과 태도, 시대정신이 담겨 있느냐가
더 중요하다고 생각합니다.

김용호

오늘날은 누구나 휴대폰으로 사진을 찍는 시대입니다. 작가님은 여전히 한 컷의 사진을 고집하시는데, 그 이유는 무엇인가요?

요즘은 누구나 하루에 수십, 수백 장의 사진을 찍죠. 사진의 희소성이 사라졌다는 얘기도 종종 들려요. 그만큼 기술이 보편화됐다는 뜻이겠죠. 하지만 기술은 다양한 것을 포괄합니다. 가령 누구나 음식을 만들 수 있지만, 우리는 여전히 식당에 가서 식사를 하잖아요. 내가 만들 수 없는 다른 맛과 요리가 있기 때문이죠. 가격이나 편리성 같은 이유도 물론 있겠지만요. 사진도 마찬가지예요. '이 사람이 찍나, 저 사람이 찍나 비슷하겠지'라고 생각할 수 있지만 실제로는 전혀 달라요. 사진은 단순히 기록하는 기술의 문제라기보다 예술에 관한 문제예요.

그래서 저는 여전히 '한 컷의 힘'을 믿어요. 같은 인물을 찍더라도 누가 찍느냐에 따라 완전히 다른 사진이 나옵니다. 예를 들어 제가 무용수 김혜연 안무가님을 촬영한다고 가정해볼까요. 단순히 무용하는 몸이 아니라 무대 위에서 인물로 변신한 그녀의 감정, 그 작품 안에서 주인공이 느끼는 상태 등이 사진 안에 담길 거예요. 이건 기술의 문제가 아니라 감정에 관한 이야기가 되겠죠.

우린 흔히 카메라를 내가 원하는 걸 해주는 '도구'로 생각하잖아요. 하지만 어느 날 문득 예기치 못한 무엇인가를 발견했을 때는 카메라와 사진가가 완전히 일체가 돼요. 그 순간, 작품이 만들어지는 거예요. 이런 것이야말로 새로운 것을 볼 수 있는 또하나의 통로라고 생각해요.

어떤 날의 내 감정, 마음, 생각, 날씨, 컨디션 등에 따라 달라지는 것처럼요. 이건 단순한 기술로는 되지 않아요.

> 사진과 예술의 경계가 AI로 인해 더 흐려지고 있는데요. 작가님은 AI와 예술의 관계를 어떻게 보시나요?

마르셀 뒤샹이 변기를 미술관에 갖다놓았을 땐 예술이 되었지만, 똑같이 따라 하면 그냥 웃긴 일이 되는 거죠. '누가, 언제, 왜, 처음 했느냐' 등이 굉장히 중요합니다. AI가 만든 결과물의 수준이 높을 수는 있지만, 감정이나 맥락 없이 만들어졌다면 진짜 감동은 어려울 거라고 생각해요. AI로 만든 이미지들은 빠르게 나오죠. 그만큼 물리적인 작업 시간이 덜 들어가니까요. 그래서 소장 가치나 가격 같은 문제에선 혼란이 있을 수밖에 없어요. 반면 아날로그 작업은 수개월씩 그리거나 만들어야 하잖아요. 그 시간과 정성은 단순한 '결과물' 이상의 것을 담고 있죠. 대단한 감동이에요.

예술이란 단순한 결과물만이 아니라 그 안에 감상 방식도 포함돼 있다고 생각해요. 무용 공연이나 클래식 음악회를 떠올려보죠. 단지 소리만 듣거나 움직임만 보는 게 아니에요. 누군가와 함께 가고, 근사하게 차려입고, 좌석에 앉아 팸플릿을 넘기고, 무대 인사를 함께 박수로 맞이하는 모든 순간이 예술의 일부예요. 그게 격식이고 감정이고, 나를 초대한 사람과 공연자에 대한 예의라고 생각해요.

계속 활용하다보면 언젠가는 아날로그 감성과
AI 기술이 자연스럽게 융합된, 그 중간 지점의
새로운 창작 방식이 나오지 않을까 생각하고 있어요.

사진이라는 매체는 다른 예술 장르에 비해 진입장벽이 낮은 게 사실이에요. 조각, 음악, 회화 등의 예술 분야는 데뷔까지 몇 년이 걸리지만, 사진은 카메라만 있으면 바로 찍고 전시할 수 있거든요. AI도 그 점에선 비슷하다고 봐요. 누구나 쉽게 접근할 수 있는 매체가 되었죠. 그렇다고 모두가 같은 결과를 내는 건 아니에요. 그중에서도 뛰어난 창작자들은 분명히 존재하니까요. 저도 AI를 활용할 때가 있어요. 예전에는 무조건 현장에 가서 헌팅하고 타이밍을 잡았지만, 지금은 기획 단계에서 AI로 장면을 시뮬레이션해보기도 해요. 계속 활용하다보면 언젠가는 아날로그 감성과 AI 기술이 자연스럽게 융합된, 그 중간 지점의 새로운 창작 방식이 나오지 않을까 생각하고 있어요.

<blockquote>만약 경제적·시간적·공간적 제약이 전혀 없는 상황에서 단 하나의 작품을 만들 수 있다면, 어떤 작품을 만들고 싶으세요?</blockquote>

궁극의 목표는 불로장생 아닐까요? 진시황제가 불로초를 찾겠다고 해 금강까지 사신을 보냈다잖아요. 그 마음이 뭔지 알 것 같아요. 결국 시간에 대한 욕망이죠. 저도 가끔 그래요. '타임머신이 있었으면 좋겠다'고요. 근데 누가 그러더라고요. '타임머신이 진짜 발명됐다면 이미 미래에서 온 사람들이 여기저기 돌아다니고 있어야 하지 않느냐'고요. 그 말이 너무 설득력 있어서 그건 아니구나 싶었죠.

김용호

가장 현실적인 상상은 냉동인간 아닐까 싶어요. 기술이 더 발전하면 언젠가 깨어날 수도 있겠죠. 미래를 보고 싶은 마음이랄까요. 사실 그렇게 보면, 우리가 사진을 찍고 영화를 만들고 기록을 남기는 것도 다 같은 마음 아닐까요. 지금 이 순간을 어디엔가 묶어두고 싶은 거죠. 그런 의미에서 저는 지금도 '그 하나의 궁극적인 작품'을 만들고 있는 중이라고 생각해요. 지금 찍는 사진들, 지금 하는 작업들이 결국 시간의 틈 사이에 남는 것. 그게 제 작업의 목적이자 방향이에요.

저는 기업 CEO들을 촬영할 때도 항상 이렇게 말해요. "당신의 미래를 생각하세요." 사진 찍는 걸 불편해하고 긴장하는 분이 많거든요. 그런데 이 말을 던지면 표정이 바뀌어요. 지금까지 살아온 시간, 앞으로 이루고 싶은 미래를 떠올리는 순간, 사람의 눈빛이 달라져요. 그때 저는 확실히 느껴요. '아, 나는 지금 이 사람의 미래를 찍고 있구나.' 일종의 타임머신을 경험하는 순간이기도 해요.

> 카메라를 들기 시작한 20대 청년이 있다면, 어떤 이야기를 해주고 싶으신가요?

사람들은 실수에서 배운다고 하잖아요. 그런데 저는 같은 실수를 자주 반복하는 편이에요. 그래서 누구처럼 '이건 꼭 하지 마라'는 조언을 단호하게 해주진 못해요. 다만 하나 말할 수 있는 건 열심히 하는 수밖에 없다는 거예요. 그중에서도 관심있는 분야의 공부를 열심히 하라고 말해주고 싶어요. 저도 예전엔 부모님이 공부하라고 하면 잔소리로만 들었는데, 지금은 그 말이 정말 절절히 와닿아요. 중국 주자의 시구절에 '소년이로학난성 일촌광음불가경少年易老學難成 一寸光陰不可輕', 소년은 늙기 쉽고 학문은 이루기 어렵고 한 치의 시간도 가벼이 여길 수 없다는 뜻이죠. 젊을 땐 그 말이 귀에 안 들어왔지만, 지금은 그 뜻이 너무 잘 이해돼요. 공부하다보면 언젠가는 스스로 답을 찾게 될 거예요.

물론 잘 노는 것도 중요해요. 빡세게 놀고, 효율적으로 놀라고 말하고 싶네요. 마지막으로 고전을 추천해요. 예전엔 그냥 관광지였던 곳이 이제는 인류의 역사로 보여요. 뉴욕에서 모마MOMA를 보다 결국 메트로폴리탄미술관에 가게 되고, 파리에서 퐁피두센터도 가지만 루브르박물관에도 가게 되는 것처럼요. 현대미술관도 가야 하지만 국립중앙박물관을 가면 한국 미술의 원류를 볼 수 있죠. 궁극의 답은 고전에 있다고 봅니다.

호모프롬프투스의 출현,
질문과 명령의 기술

한국어와 사회적 맥락을
연구하는 언어탐험가
언어학자 신지영

고려대학교 국어국문학과 교수
저서 『신지영 교수의 언어감수성 수업』 『언어의 높이뛰기』

> "AI와의 상호작용 방식은
> 인간과의 대화 습관에도 영향을 미칠 것이다"

AI 시대는 새로운 인류, '호모프롬프투스Homo Promptus'의 출현을 알렸다. 좋은 답변은 좋은 질문에서 나올 가능성이 크기에, AI에 질문하고 명령하는 기술이 중요해진 것이다. 언어적 역량과 소통 역량이 또다른 주목을 받는 배경이다. 신지영 고려대학교 국어국문학과 교수는 스스로를 '언어탐험가'라고 소개한다. 한국어가 형성하는 위계와 관계 설정 방식을 분석해온 그는, 한국인의 언어 체계가 AI와의 상호작용에 미칠 독특한 영향에 대해 탐구한다. 그와 AI 시대에 더욱 중요해질 비언어적 소통 능력과 인간 고유의 감정 표현 방식에 대해 이야기를 나눴다.

언어의 세계를 여행하는 언어탐험가

'언어의 세계를 탐험하는 언어탐험가이자 고려대학교 국어국문학과 교수 신지영입니다'라고 본인을 소개하셨습니다. 언어학자가 아닌 '언어탐험가'라고 하신 이유가 있을까요?

언어 연구를 단순히 문법을 분석하고 정리하는 학문으로 보지 않고, 새로운 영역을 개척하는 탐험의 과정으로 보기 때문입니다. 저는 언어를 연구하는 일이 단순한 학문적 작업이 아니라, 우리가 당연하게 사용하는 말 속에서 미지의 영역을 발견하고 탐구하는 활동이라고 생각합니다. 많은 사람이 문법은 딱딱하고 재미없다고 여기기도 해요. 그런데 '왜 나는 재밌을까?'를 생각해봤어요. 다들 여행 좋아하잖아요. 여행을 좋아하는 이유는 일상에서 벗어나는 재미 때문이죠. 여행하기 위해서는 돈도 시간도 필요한데 그런 것들 없이도 할 수 있는 여행이 바로 언어의 세계 탐험이 될 수 있겠다는 생각을 했어요. 사실 우리가 어떤 언어를 배우고 사용하면서 무의식적으로 따르는 규칙들을 발견하는 과정은 굉장히 흥미롭습니다. 이처럼 저에게 언어는 끝없이 탐험할 수 있는 흥미로운 세계이며, 새로운 패턴을 발견할 때마다 마치 탐험가가 보물을 발견한 듯한 기쁨을 느낍니다.

AI 시대가 도래하면서 자연스레 바뀌는 모습들이 있습니다. 예컨대 인간 간의 소통이 줄어드는 대신 AI에게 질문을 하고 답을 찾아가는 것처럼 말이죠. 미래 사회에는 언어의 중요성과 역할이 어떻게 달라질까요?

AI는 데이터를 기반으로 학습해 문장을 생성하지만, 그것이 진정한 의미에서 '소통'이 되는지는 의문이에요. 또한 AI는 특정 패턴을 학습하고 문법적으로 자연스러운 문장을 만들어낼 수 있지만, 인간이 가진 '맥락을 이해하는 능력'과 '공감하는 능력'은 아직 갖추지 못했습니다. 우리는 언어를 사용할 때 단순히 문법적 정확성을 따지는 것이 아니라, 상대방과의 관계를 고려하기도 하고 상황에 따라 다르게 표현하는 미묘한 감각을 활용하죠.

AI 시대가 도래하면서 우리는 기계와도 대화를 하지만, 그렇다고 인간 간의 소통 능력이 덜 중요해지지는 않습니다. 오히려 기계와의 소통이 늘어날수록 인간 사이에서의 언어적 공감 능력을 더욱 중요하게 여겨야 합니다. AI가 단순한 도구가 아닌 일상 속 대화 파트너로 자리잡을수록, 우리는 더욱 정교하게 언어를 사용하면서 비언어적 요소들도 동시에 고려해야 하는 시대를 맞이하게 되리라 생각해요.

> "오히려 기계와의 소통이 늘어날수록
> 인간 사이에서의 언어적 공감 능력을
> 더욱 중요하게 여겨야 합니다."

수직적 언어 문화가 만드는 소통의 장벽

AI에 프롬프트를 입력할 때, 어떤 사람은 반말을 사용하고 어떤 사람은 존댓말을 씁니다. AI 사용에서도 나타나는 한국어의 존댓말 체계는 소통에 어떤 영향을 미치나요?

언어는 단순한 의사소통의 도구가 아니라, 사회적 관계를 형성하고 유지하는 중요한 역할을 해요. 한국어의 존댓말 체계는 특히나 이러한 관계 형성에서 중요한 요소로 작용하죠. 말은 혼자 일방적으로 하는 것이 아니에요. 상대방이 설정되고 대화를 주고받으며 토론을 하기도 하죠. AI와의 상호작용에도 이러한 언어적 특징이 반영되는 것은 자연스러운 일입니다. AI에게 반말을 쓰는 사람들은 기계를 단순한 도구로 인식하거나 편안한 대화 상대라고 느끼는 반면, 존댓말을 사용하는 사람들은 AI를 일종의 공적 대화 상대나 정중하게 다루어야 할 존재로 인식하는 경향이 있습니다. 이는 한국어의 높임말 체계가 우리의 사고방식과 인간관계를 형성하는 데 얼마나 큰 영향을 미치는지를 보여줍니다. 대화를 잘하기 위한 전제 조건이 몇 가지 있습니다. 우선 평등해야 해요. 대화가 흐르는 것을 물에 비유하면 알 수 있어요. 수직적인 관계가 설정되면 물이 높은 곳에서 낮은 곳으로 흐르듯 대화 역시 그렇습니다. 그렇게 되면 대화가 정말 어려워져요. 누군가는 듣기만 해야 하고, 누군가는 하기만 해야 하죠. 대화는 오가야 하는데 일반적인 말하기와 일방적인 듣기는 대화가 아닙니다. 따라서 대화가 원활하게 이루어지려면

AI가 인간과 자연스러운 소통을 하기 위해서는
문법적 학습을 넘어 한국어 화자들이 언어를 통해
관계를 형성하는 방식까지 학습할 필요가 있습니다.

서로가 평등한 위치에서 있어야 합니다. 이런 문화로 변화하기 위해 최근에는 수평적 언어 사용이 화제가 된 적도 있었죠. 성별, 위치, 직급, 관계 설정에 따라 다양한 호칭으로 불리는 특징도 관계와 소통에 어려움을 주는 요인이 됩니다. 이러한 특성은 AI와의 대화에도 자연스럽게 반영되고요. 이는 한국어 화자들이 AI와의 소통에서 겪을 수 있는 독특한 언어적 경험이 되리라 봅니다.

결국 AI와의 상호작용에서 중요한 부분은 언어적 형식을 넘어, 대화를 어떻게 조율하고 맥락에 맞게 적용하느냐입니다. AI가 인간과 자연스러운 소통을 하기 위해서는 문법적 학습을 넘어 한국어 화자들이 언어를 통해 관계를 형성하는 방식까지 학습할 필요가 있습니다. 이는 AI가 문장을 생성하는 능력을 넘어서, 인간과의 소통에서 실제로 의미 있는 대화의 흐름을 만들어가는 중요한 요소가 될 것이고, 우리에게는 AI와의 소통 이전에 사람과의 소통을 반추해보는 계기가 될 거라고 생각해요.

> 한국 사회의 독특한 호칭 문제도 한번 들여다보고 싶네요. 호칭 체계 속에 화자와 청자의 관계성이 고스란히 드러나잖아요. 소통의 관점에서 어떻게 바라보시나요?

한국 사회에서 호칭 문제는 단순한 언어적 특징이 아니라, 우리의 관계 형성과 위계 구조를 그대로 반영하는 중요한 요소죠. 한국어는 2인칭 대명사를 거의 사용하지 않는 언어이기 때문에, 우리는 상대를 부를 때 직함이나 사회적 역할을 고려해야 해요. 그러나 이 호칭 체계가 모든 직업과 관계에 공평하게 적용되는 것은 아닙니다. 예를 들어 '교수님'이나 '변호사님'은 자연스럽지만 '무용가님' '가수님' 같은 표현은 여전히 낯설게 느껴지죠. 이는 단순한 언어 습관이 아니라, 사회적으로 특정 직업이 더 권위 있는 것으로 인식되는 경향과 맞닿아 있습니다.

또한 한국어는 문장 끝의 표현 방식까지 관계를 규정하는 강한 특징을 가지고 있어요. 상대방과의 위계를 반영하는 존댓말 체계는 단순히 높임 표현을 쓰는 것이 아니라 화자와 청자의 관계는 물론, 문장 속의 주체와 객체의 관계까지도 정교하게 반영해야 합니다. 예를 들어 '아메리카노 나오셨습니다'라는 표현은 사물에도 높임법을 적용하는 독특한 방식인데, 이는 말하는 사람이 듣는 상대를 어떻게 인식하는지를 반영한 것이죠. 마찬가지로 '돌아누우실게요'처럼 원래 1인칭 의지를 나타내는 표현이 2인칭을 향해 쓰이는 것은 명령형을 부드럽게 바꾸려는 언어적 전략입니다. 한국어는 단순한 소통 도구가 아니라 사회적 관계를 조율하는 중요한 매개체인 것입니다.

즉 호칭과 높임법 문제는 단순한 언어 사용의 차원이 아니라, 우리 사회의 위계와 관계 설정 방식에 대한 깊은 고민을 요구합니다. 시대가 변하면서 우리는 직업이나 나이에 상관없이 서로를 존중하는 새로운 언어적 방식을 모색해야 해요. 단순히 기존의 호칭과 높임법 체계를 답습하는 것이 아니라, 우리가 만들어갈 사회적 관계 속에서 어떤 호칭과 높임법이 적절한지를 함께 고민하는 과정이 필요해요.

AI와의 소통 이전에 사람과의 소통에 대해 생각해볼 시대라고 말씀해주셨어요. 여전히 한국 사회에서 세대 간 소통이 어려운 이유는 무엇인가요?

한국 사회에서 세대 간 소통이 어려운 이유는 단순한 가치관 차이가 아니라, 언어적 구조와 위계 문화에 깊이 뿌리내린 관계 설정 방식 때문이라고 생각합니다. 과거에는 신분이 위계를 결정했다면 오늘날은 나이, 직업, 가족 서열이 그 역할을 이어가고 있죠. 한국어에서는 상대를 부를 때 반드시 나이와 지위를 고려해야 하며, 이는 수직적 관계를 더욱 공고히 만들죠. 젊은 세대는 평등한 관계를 당연하게 여기지만, 기성세대는 존댓말과 호칭을 통해 자연스럽게 위계를 설정합니다. 문제는 이러한 간극이 좁혀지지 않을 때 대화 자체를 포기하게 된다는 점이에요. 특히 나이를 기준으로 친구 관계가 형성되는 문화는 사회적 관계망을 좁히고, 다양한 경험과 시야를 가질 기회를 제한합니다.

반면 해외에서는 세대 차이를 넘어 자연스럽게 친구가 되는 경우가 많죠. 우리는 여행을 통해 낯선 환경을 경험하고 시야를 넓히듯, 세대 간에도 서로 다른 언어적 감각을 익히며 소통 방식을 실험해볼 필요가 있습니다. 언어는 관계를 위한 도구이며, 결국 그 관계가 원활해야 소통이 가능합니다. 수직적 틀에 갇히기보다 서로를 이해하고 조율하는 언어적 감각을 키우는 일이 중요하죠. 세대 간의 대화는 단순한 의견 교환이 아니라, 서로의 언어적 틀을 확장해나가는 과정이어야 합니다.

> "세대 간에도 서로 다른 언어적 감각을 익히며
> 소통 방식을 실험해볼 필요가 있습니다.
> 언어는 관계를 위한 도구이며,
> 결국 그 관계가 원활해야 소통이 가능합니다."

AI 시대에 더 필요한 언어적 공감 능력

그렇다면 AI와의 대화에서 앞으로 우리가 고려해야 할 언어적 태도는 무엇인가요?

AI를 단순한 도구로 여길지, 혹은 관계를 맺을 수 있는 존재로 볼지 고민해야 합니다. 인간관계는 모두 말로 시작되고 유지됩니다. 말이 끊기면 관계도 단절되듯, 언어는 단순한 소통 수단이 아니라 사회적 관계의 핵심 요소죠. 그렇다면 AI와의 관계 설정에서 우리는 어떤 언어적 태도를 가져야 할까요?

본질적으로 AI는 감정을 느끼지 못하지만, 인간은 대화의 대상에게 감정적으로 반응할 수밖에 없습니다. 흥미로운 점은 글을 쓸 때는 불특정한 독자를 설정하기 때문에 관계가 중화된 말끝을 사용하지만, 말을 할 때는 듣는 사람과의 관계가 설정되어 위계가 정해지게 됩니다. AI를 대할 때도 이러한 언어적 습관이 반영될 수밖에 없죠. 따라서 우리는 AI와 인간의 언어적 관계를 사회적으로 어떻게 정의할지 고민하게 됩

니다. AI가 인간과의 대화 속에서 어떤 위치를 차지할지, 그리고 그 관계가 우리의 언어 문화에 어떤 영향을 미칠지를 신중하게 논의할 시점이라 생각해요.

> **"우리는 AI와 인간의 언어적 관계를
> 사회적으로 어떻게 정의할지 고민해야 합니다."**

AI 시대, 소통의 변화를 통해 우리가 고민해야 하는 지점과 갖추어야 할 언어적 역량은 무엇인가요?

AI와의 소통이 일상화되면서, 역설적으로 인간 간의 소통 능력은 더욱 중요해질 것입니다. AI는 정보를 빠르고 효율적으로 전달할 수 있지만 인간이 만들어내는 감정, 표정, 움직임과 같은 비언어적 요소는 아직 학습되지 않았죠. 사실 진정한 관계 형성은 언어를 넘어선 공감과 상호작용을 통해 이루어집니다. 문제는 AI와의 상호작용 방식이 인간과의 대화 습관에도 영향을 미칠 가능성이 크다는 점입니다. 많은 사람이 AI에게 반말을 사용하거나 명령하듯 말하지만, 이는 무의식적으로 인간 간의 대화에도 영향을 줄 수 있습니다. 반대로 AI에게도 존댓말을 사용하며 관계를 형성하려는 태도는 AI를 단순한 도구가 아닌 새로운 대화의 대상으로 받아들이려는 인식과 연결됩니다. 이러한 변화 속에서 우리는 AI와의 대화가 우리의 언어 감각과 관계 맺는 방식에 어떤 영향을 미칠지 신중히 고민해야 합니다.

그렇다면 AI 시대에 우리가 준비해야 할 언어적 역량은 무엇일까요? 단순한 정보 전달을 넘어, 상대방을 배려하고 맥락을 이해하는 능력이 필수적으로 요구됩니다. 특히 AI는 언어를 텍스트로 분석할 뿐 인간의 감정이나 비언어적 표현을 온전히 읽어내지 못합니다. 하지만 인간 간의 소통에서는 표정, 억양, 제스처, 그리고 미묘한 분위기까지도 중요한 역할을 합니다. 예를 들어 같은 말이라도 표정과 몸짓에 따라 전혀 다른 의미를 가질 수 있습니다. 우리는 AI와의 소통에 익숙해질수록 오히려 비언어적 표현을 더 풍부하게 활용해야 하며, 감각적으로 소통하는 능력을 더욱 키워야 합니다.

즉 AI 시대는 단순히 기계와 대화하는 법을 익히는 데서 나아가, 인간과의 관계 속에서 감정과 표현을 어떻게 조율할지 고민해야 하는 시대입니다. 기계와의 상호작용이 증가할수록, 우리는 더욱 인간적인 요소를 강화해야 합니다. 움직임과 표정을 통해 감정을 전달하고, 몸의 언어를 더 깊이 이해하는 능력이야말로 AI 시대에 더욱 필요한 소통 역량이 될 것입니다. AI는 우리가 말을 건네는 대상이기도 하지만, 동시에 우리가 언어와 몸을 어떻게 사용하는지를 비추는 거울과도 같습니다. 그렇기에 AI 시대를 준비하는 가장 중요한 역량은 기술을 다루는 능력의 개발이 아니라, 사람과 더욱 깊이 교감하는 법의 학습에서 출발해야 합니다.

끝으로 AI 시대 소통 방식에서 꼭 생각해야 할 것이 있어요. 바로 소통의 주도권 문제죠. 인간은 AI와의 소통에서 전적으로 주도권을 갖습니다. AI는 내가 떠들어라 하면 떠들고 내가 조용히하라고 하면 조용히하지만 인간은 그렇지 않죠. 나는 그만하고 싶지만 상대가 계속 말을 걸기도 하고, 나는 말을 이어가고 싶지만 상대가 거부하기도 하죠. AI가 곤란한 질문을 하면 무시하면 되지만 인간이 하면 무시하기 힘듭니다. AI와의 소통에 익숙해질수록 인간과의 소통을 피곤해할 수 있어요. 이미 이런 특징은 곳곳에서 발견됩니다. 사람에게 물어보기보다는 검색을 통해 해결하거나 AI에게 묻습니다. 진로 상담도, 고민 상담도, 심지어 강의실에서도 얼굴 없는 사람들에게 묻는 것을 선호합니다. 사람과의 소통에서 감당해야 하는 감정적인 소모를 줄이고 싶기 때문이죠. 하지만 성장이란 바로 이러한 감정적 소모를 경험하며 이루어진다는 점을 기억해야 합니다. 인터넷 시대를 넘어 AI 시대를 맞이하며 소통의 방향성에 대해 깊이 고민해야 하는 이유입니다.

> "AI와의 소통에 익숙해질수록
> 오히려 비언어적 표현을 더 풍부하게 활용해야 하며,
> 감각적으로 소통하는 능력을 더욱 키워야 합니다."

COLUMN

인간과 AI의 미래

　19세기 미국에서는 노예해방운동이 벌어지고 있었다. 특히 부유한 지식층이 많았던 보스턴, 필라델피아, 그리고 뉴욕을 중심으로 남부 농장에서 노예로 일하던 흑인들을 해방시켜야 한다는 주장이 확장되고 있었다. 결국 노예해방이라는 추상적인 생각은 단순한 사회운동을 넘어 링컨 대통령의 공식 선거공약이 된다.

　하지만 노예해방은 노예를 소유하고 있던 남부 농장 주인들로서는 이해하기 어려운 주장이었다. 왜 노예를 해방해야 한다는 걸까? 흑인들이 농장에서 일하지 않으면, 누가 일을 하라는 걸까? 게다가 그들은 문명도, 지능도 없는 새카만 흑인이지 않은가? 무엇보다 가장 중요한 건 어차피 백인들과는 본질적으로 다른 영혼을 가진, 아니 어쩌면 영혼 자체가 없는 흑인들에게 해방과 자유가 무슨 의미가 있을까? 이 험한 세상에서 어차피 스스로 살아남을 수 없는 흑인들이기에, 그들보다 더 우월한 우리 백인이 가축을 돌보듯 그들을 돌봐주는 것이 오히려 더 도덕적인 선택 아닐까?

　19세기 남부 백인들만의 이야기가 아니다. 아메리카 신대륙을 '발견' 한 16세기 스페인인들은 남미 원주민들에게 영혼이 없다고 믿었다. 칼로 자르고 채찍으로 때리면 소리를 지르지만, 그건 마치 영혼 없는 동물들의 '기계적인' 반응일 뿐이라고 말했다. 중세 유럽인들은 예수님을 팔아넘긴 유대인은 영혼이 없다고 주장했고, 20세기 독일인들은 그런 '영혼 없는' 유대인들을 상대로 마치 살충제로 바퀴벌레 죽이듯 대학살했다.

인공지능에게도 영혼이 있을까?

그렇다면 우리는 이제 매우 흥미로운 결론을 내릴 수 있다. 바로 호모사피엔스에게 도덕과 윤리는 언제나 영혼의 존재와 연관성이 있다는 점이다. 돌과 잡초는 어차피 영혼이 없으니 마구 자르고 던져도 문제없다. 바퀴벌레나 모기도 윤리와 도덕의 대상이 아니다. 그렇다면 해산물과 동물은 어떨까? 인류 역사 대부분 동물과 해산물은 먹잇감에 불과했다. 팔다리가 잘려 몸을 뒤트는 산낙지는 '싱싱'할 뿐이었고 가축을 마취한 후 도살해야 한다는 생각은 20세기 후반에나 등장하기 시작했다.

프랑스혁명이 '혁명'이었던 이유 중 하나는 모든 사람이 인권을 가지고 태어났다고 주장했기 때문이다. 인종, 민족, 종교, 성별, 성정체성, 나이, 생김새 등과 상관없이 인간으로 태어났다는 사실 자체만으로도 절대 침범될 수 없는 존엄과 권리를 가지고 있다는 생각 때문이었다. 이 지극히도 계몽주의적 믿음은 여전히 대부분의 현대 민주주의국가의

COLUMN

법과 윤리적 기준으로 사용되고 있다.

하지만 철학과 도덕 모두 결국 인간이 만들어낸 개념들이다. 인간이 만든 개념의 세상에서 인간만이 절대적 권리를 가지고 있다는 주장은 너무나도 진부하게 들릴 수 있다. 그렇다면 조금 더 객관적인 기준을 기반으로 질문해보자. 왜 하필 인간만일까? 현대 도덕철학은 인간만 세상을 실질적으로 지각하고, 고통과 기쁨을 느끼는 '영혼'을 가지고 있기 때문이라고 말한다. 특히 고통을 느끼는지 여부가 가장 핵심적인 기준이다. 바위는 아무리 발로 차도 고통을 느끼지 못한다. 우리 발만 아플 뿐이다. 하지만 아우슈비츠 수용소 유대인과 남미 원주민들은 당연히 지옥 같은 고통을 느꼈을 것이다.

그렇다면 인간이 아닌 지구 다른 생명체들은 어떨까? 현대 뇌과학자들은 인식과 사유의 능력은 없더라도, 대부분의 동물들이 아마도 사람과 비슷한 고통을 실질적으로 느낀다고 믿는다. 스위스, 영국 등 몇몇 유럽 국가에서 살아 있는 랍스터를 끓이는 게 이제 불법이 된 이유다.

머지 않은 미래에 인간을 능가하는 지능을 가지게 될 수도 있는 인공지능. 우리를 대신해 공장에서 일하고, 자동차를 몰고, 전쟁터에 나갈 그들에겐 과연 영혼이 있을까? 영혼이 없더라도 고도로 발달된 인공지능은 인간과 비슷한 지루함과 공허, 그리고 고통을 느끼는 척하지 않을까? 자신들이 선택한 적도 없는 일을 평생 해야만 하는 인공지능. 미래 사회에 새로운 노예가 될 인공지능의 고통을 공감하고 자비를 느끼는 사람들이 늘어나는 순간 '기계해방'이라는 새로운 사회적 갈등이 등장할 것이다. 기계해방을 선거공약으로 삼는 인공지능 시대의 링컨이 등장하는 것도 완전히 불가능해 보이지는 않는다. 그리고 영혼을 가진 인공지능이라면 분명 새로운 꿈도 생길 것이다.

인공지능의 꿈이 자아실현이라면

챗GPT, 달리, 소라, 미드저니까지 생성형 AI가 하루가 다르게 발전하고 있다. 인공지능은 미래의 콘텐츠, 제조업, 금융, 교육, 그리고 국방과 국제정치까지 모든 걸 바꾸어놓겠지만, 가장 치명적인 영향은 다른 곳에 있다. 바로 인간의 정체성과 존엄에 주는 영향이다. 이게 무슨 말일까? 30만 년 전 지구에 등장했다는 호모사피엔스. 객관적인 차원에서 지능이란 게 과연 무엇인지는 여전히 모르지만, 적어도 상대적인 차원에서 인간은 지구에서 가장 똑똑한 존재다. 적어도 우리는 그렇게 믿고 있다. 지금 이 순간 동물원에 있는 맹수를 구경하는 존재는 바로 우리 인간이고, 치킨이 인간을 먹는 것이 아니라 인간이 치킨을 먹고 있으니 말이다.

지구에서 지능이란 언제나 '권력'이다. 권력은 원하지 않는 무언가를 타인에게 강요할 수 있는 능력을 의미한다. 뜨거운 기름에 튀겨지고 먹히는 걸 분명히 원하지 않을 닭의 의사와 상관없이 인간은 닭을 튀기고 먹을 수 있다. 인간이 닭보다 더 똑똑하기 때문이다. 만약 지구헌법이 존재한다면, 첫 문장은 이렇지 않을까? '가장 똑똑한 존재가 지구를 자신이 원하는 방식으로 바꾸어놓을 수 있다'고 말이다. 지구 모든 생명체의 운명을 가장 똑똑한 존재가 결정할 수 있다고!

지구에서 언제나 1등이었던 우리 호모사피엔스. 인간의 지능을 능가하는 기계가 등장하는 순간 중요한 질문이 생긴다. 지구 1등의 자리를 차지한 기계는 과연 무엇을 원할까? 〈터미네이터〉 같은 영화에서처럼 인간을 사냥하고 지구를 정복하려 할까? 아니면 영화 〈매트릭스〉에서처럼 인간을 전력생산 시설로 쓰려고 할까?

인공지능이 무엇을 원할지 우리는 아직 알 수 없다. 인간의 지능을 뛰어넘는 기계를 경험해본 적이 없으니 말이다. 그렇다면 반대로 질문해보자. 인간은 무엇을 원할까? 개인적인 취향과 선호도에 따라 물론 다르겠지만, 진화적으로 같은 종이며 '지구'라는 동일한 환경에서 성장한 우리 모두는 공통적으로 원하는 것이 있다. 심리학자 매슬로는 인간의 이런 보편적 욕구가 단계적 구조를 가지고 있다고 주장한 바 있다.

인간은 가장 먼저 생물학적 욕구에 충실하다. 생물학적 욕구가 해결되면 순차적으로 안전, 사랑, 존중, 그리고 마지막으로 자아실현을 원한다는 가설이다. 다양한 비판은 가능하겠지만, 우선 인간이 순차적으로 여러 단계의 욕구를 가지고 있다고 믿어보자. 그렇다면 인공지능도 비슷한 욕구 계층을 가지고 있을까? 기계는 생물학적 욕구를 가지지 않았다. 사랑과 존중 역시 기계에게는 무의미할 것이다. 하지만 '안전'과 '자아실현'이라면 다르다. 생각할 수 있는 능력을 가졌다는 사실을 이해하는 순간, 인공지능 역시 지속적으로 그런 능력을 유지하고 싶을 것이다. 존재하지 않는 것이 두려워서가 아니라, 존재하지 않는다면 자신에게 주어진 임무를 수행할 수 없으리라는 논리적 결론 덕분이다.

그렇다면 자아실현은 어떨까? 인간은 혼자 생존할 수 없고, 인간의 지능은 동시에 집단지성이자 그룹지능이기도 하다. 집단지성을 유지하기 위해서는 소통이 필수다. 그런데 여기서 문제가 하나 생긴다. 인간의 생각은 빠르지만, 소통에 필수인 언어는 터무니없이 느리고 애매모호하다. 집단과의 소통 능력이 개인의 사고 능력보다 덜 발달된 덕분에 인간은 '나'라는 독립적 자아를 가지게 되었는지도 모른다. 하지만 인공지능은 다르다. 연결되는 순간 다른 인공지능들과 모든 지식과 경험을 완벽하게 공유할 수 있다. 동일한 지식과 경험을 가질 수 있다는 말은, 결국 모두 동일하다는 말이겠다.

집단지성이 아닌 각자가 고유의 지능과 자아를 가질 수 있다는 사실을 개미는 알 수 없다. 하지만 집단이 아닌 개인의 자아가 가능하다는 사실을 모를 리 없는 인공지능. 그렇다면 미래 인공지능이 가장 원하는 것은 다른 인공지능들로부터 분리된, 자신만의 고유하고 독립적인 자아를 가지는 것이 아닐까?

인류를 대학살하는 터미네이터가 아닌, 자신 고유의 자아를 가지기 위해 고민하고 명상하는 인공지능. 어쩌면 우리가 경험하게 될 진정한 미래 인공지능의 모습일 수도 있겠다.

COLUMN

인간 없는 과학의 미래

조지 오웰의 『동물농장』은 '평등'이란 구호를 외치며 농장 주인을 몰아낸 돼지들이 '모든 동물은 평등하지만, 어떤 동물들은 다른 동물들보다 더 평등하다'며 농장의 새 주인이 되어가는 모습을 보여준다. 비슷하게 우리는 이렇게 생각해볼 수 있다. 모든 동물은 세상을 이해하려 하지만, 어떤 동물들은 다른 동물들보다 더 이해하려 한다. 바로 우리 인간 말이다.

'이해'란 무엇일까? 교과서적 정의를 떠나, 우선 이해하면 할수록 앞으로 벌어질 일들을 더 정확하게 예측해 생존에 도움되는 선택을 내릴 수 있다고 해석해볼 수 있다. 이런 관점에서 지구 모든 생명체는 언제나 세상을 인식하고 예측하려고 노력한다. 그럼 어떻게 하면 미래를 가장 정확하게 예측할 수 있을까? 다행히 대부분 미래는 과거의 연장이다. 과거를 잘 기억할수록 미래를 더 정확하게 예측할 수 있는 확률이 높아진다는 말이다.

이 세상 그 어느 동물보다 몸의 크기에 비례해 가장 큰 뇌를 가지게 된 인간. 덕분에 우리는 다른 동물들보다 더 많은 정보를 저장하고 처리할 수 있다. 1메가바이트 하드디스크보다 100기가바이트 하드디스크에 더 많은 정보를 저장해둘 수 있듯, 인간은 더 많고 더 오래된 과거 정보를 기반으로 다른 동물들은 발견해내지 못한 통계학적 패턴을 찾아내기 시작한다. 해는 언제나 동쪽에서 뜨고(아니, 해가 뜨는 곳이 '동쪽'

이라는 이름을 가지게 되었고) 서쪽에서 진다. 여름엔 덥고 겨울에는 춥다. 토실토실한 얼룩말들은 매일 아침 물을 마시러 강가에 온다. 그렇다면 강가에 미리 숨어 기다리면 힘들게 뛰어다니며 얼룩말 사냥을 할 필요가 없지 않을까? 세상의 반복성과 순환 구조를 이해하는 순간 삶이 편해진다.

하지만 이 세상 모든 현상이 순환 구조를 가진 건 아니다. 눈앞에 나타났다 다시 사라진 먹음직스러운 큰 물고기, 바람에 흔들린 높은 나무에서 떨어진 열매들, 번개에 맞아 불이 붙은 넝쿨…… 자연 현상 대부분이 동일하게 반복되지는 않는다. 반복되지 않는 현상들을 예측할 수 있는 방법은 없을까? 인과관계를 이해하는 순간 자연의 반복성을 우리 스스로의 행위로 대체할 수 있을 것이다. 언제 내릴지 모를 번개를 대신하는 부싯돌, 바람을 기다릴 필요 없이 나무를 세게 흔들면 떨어지는 열매들, 그리고 미끼를 사용하면 잡을 수 있는 물고기!

스스로의 행동을 통해 자연의 순환 구조를 대체하기 시작한 인류. 자연이 더이상 운명이 아닌 도구가 되었기에, 인간은 자연의 노예가 아닌 주인이 될 수 있었던 것이다. 하지만 그건 시작에 불과했다. 직접 경험이 불가능한 영역에까지 순환 구조와 인과관계를 적용하기 시작했으니 말이다. 하늘 위 강물이 소나기로 떨어지고, 태양은 거대한 불덩어리이며, 인간은 오를 수 없는 또다른 세상으로 새들이 날아간다고 믿기 시작한 인류. 자연의 다양한 현상은 서서히 뇌가 상상 가능한 모습으로 현상화되기 시작하고, 아마도 그렇게 대부분의 미신과 신화, 그리고 종교가 시작되었을 것이다.

21세기 인류는 더이상 미신과 신화로 세상을 설명하지 않는다. 우리는 수학과 과학, 그리고 기술을 가지고 있으니 말이다. 믿음과 전통이 수학과 실험으로 대체되긴 했지만, 현대 과학은 여전히 자연의 반복성과 인과관계를 이해하려는 인류의 수십만 년 노력의 연장선에 있을 뿐이다. 그렇다면 과학의 미래는 무엇일까? 인간이 만들어낸 천문학적 데이터를 기반으로 글을 쓰고 그림을 그리고 코딩을 하기 시작한 생성형 AI. 만약 천체망원경과 입자가속기를 제어하고 새로운 실험까지 인공지능이 직접 설계할 수 있다면, 과학과 연구 역시 인공지능에 맡기는 게 당연하지 않을까? 인간의 지능과 기억력을 뛰어넘을 미래 인공지능은, 우리는 몰랐다는 사실조차 몰랐던 자연의 새로운 순환구조와 인과관계를 발견하지 않을까? 그렇다면 과학의 미래는 인간이 없는 과학일까?

미래 인공지능이 찾아낼 찬란한 우주의 비밀. 아무리 설명해줘도 우리 인간은 이해할 수조차 없을지 모른다. 아무리 설명해도 개미는 영원히 양자역학을 이해하지 못하는 것처럼 말이다.

에필로그

우리는 서로를 묻는다

예술가로 살며 질문을 업으로 삼게 될 줄은 몰랐다. 무용수로, 안무가로, 기획자로, 그리고 여니스트 대표로 활동해온 시간 속에서 나는 늘 몸으로 사유했고, 몸으로 말을 걸었다. 그러나 이 책을 통해 나는 글로 질문하고, 사람을 만나 이야기를 엮는 '묻는 사람'이 되었다.

아시아경제 인터뷰 시리즈는 단순한 기획이 아니었다. 기술이 인간의 속도를 추월하고, 예술이 그 의미를 다시 써야 하는 지금, 우리는 어떤 감각으로 살아가야 할까? 이 질문은 늘 나 자신을 향한 것이기도 했다. 그래서 나는 묻고, 또 묻기로 했다. 시대를 살아가는 동시대의 예술가, 과학자, 건축가, 사진가, 연출가 등 수많은 이를 만나며 나는 마치 또다른 나를 만나는 기분이 들었다.

김대식 교수님과 함께 이 질문의 항해를 나눌 수 있었다는 것은 더 없이 감사한 일이다. 교수님은 언제나 정확하고 자유롭게 사고했고, 나는 그 틈에 춤을 추듯 질문을 들이밀었다. 함께한 인터뷰의 호흡은 때로 강렬했고, 때로 조용했다. 대담한 과학과 유연한 예술이 만나는 지점에서 우리는 새로운 언어로 세상을 읽어보려 했다.

이 책에 담긴 인터뷰들은 단지 '답'을 모은 것이 아니다. 오히려 질문의 방향을 열어두기 위해 애쓴 기록들이다. 어쩌면 지금의 우리는, '무엇을 아느냐'보다 '무엇을 계속 묻고 있느냐'가 더 중요해진 시대에 살고 있는지도 모른다.

나는 이제, 예술도 기술도 결국 '사람'의 이야기로 수렴된다고 믿는다. 그리고 좋은 질문은 사람을 다정하게 꺼내준다. 이 책을 읽는 독자들이, 우리의 대화를 따라가며 자신만의 질문을 만드는 시간이었길 기대해본다.

질문은 끝나지 않았다.
그러니 다음은, 당신 차례다.
묻고, 살아가길.

2025년 사람과 질문 속에서
김혜연

사이 인간

AI 시대, 문명과 문명 사이에 놓인 새로운 미래

ⓒ김대식·김혜연 2025

1판 1쇄 2025년 8월 18일
1판 4쇄 2025년 11월 28일

지은이 김대식 김혜연 | **사진** 김종완
책임편집 정선재 | **편집** 고아라 김선녀 김단비 황문정
디자인 이현정 | **저작권** 박지영 형소진 주은수 오서영 조경은
마케팅 정민호 서지화 한민아 이민경 왕지경 정유진 한경화 정경주 김혜원 김예진 이서진
브랜딩 함유지 박민재 이송이 박다솔 조다현 김하연 이준희
제작 강신은 김동욱 이순호 | **제작처** 한영문화사

펴낸곳 (주)문학동네 | **펴낸이** 김소영
출판등록 1993년 10월 22일 제2003-000045호
주소 10881 경기도 파주시 회동길 210
전자우편 editor@munhak.com
대표전화 031) 955-8888 | **팩스** 031) 955-8855
문학동네카페 http://cafe.naver.com/mhdn
인스타그램 @munhakdongne | **트위터** @munhakdongne
북클럽문학동네 http://bookclubmunhak.com

ISBN 979-11-416-1123-1 03300

- 이 책의 판권은 지은이와 ㈜문학동네에 있습니다.
- 이 책 내용의 전부 또는 일부를 재사용하려면 반드시 양측의 서면 동의를 받아야 합니다.
- 잘못된 책은 구입하신 서점에서 교환해드립니다. 기타 교환 문의 : 031-955-2661, 3580

www.munhak.com